AF611148

LETTRES
CRITIQUES
ET
POLITIQUES.

LETTRES
CRITIQUES
ET
POLITIQUES,

SUR

LES COLONIES & LE COMMERCE

DES VILLES MARITIMES DE FRANCE,

Adressées à G. T. RAYNAL.

PAR M. ***.

Estimons-nous beaucoup les productions des Colonies? Je crois qu'on n'en saurait douter : pourquoi donc prenons-nous si peu d'intérêt à leur prospérité, & à la conservation des Colons?

Hist. Ph. des deux INDES.

A GENÈVE,

Et se trouve à PARIS,

M. DCC. LXXXV.

TABLE DES LETTRES.

FIN DE LA TABLE.

FAUTES PRINCIPALES
A CORRIGER.

PAGE 4. *ligne* 2, esprits, *lisez* écrits.
Page 22, *ligne* 1, que, *lisez* qui.
Page 25, *ligne* 1, seule, *lisez* seules.
Page 48, *ligne* 23, traitaient, *lisez* faisaient.
Page 101, *ligne* 21, s'est, *lisez* fut.
Page 111, *ligne* 22, *après* tout *mettez* sentir.
Page 142, *ligne* 10, ventres, *lisez* ventes.
Page 205, *ligne* 12, subvisions, *lisez* subdivisions.
Page 240, *ligne* 19, les Ports de France, *lisez* les Ports francs.

CRAINDRE de publier des vérités à l'inſtant qu'elles peuvent être utiles; n'oſer attaquer de dangéreuſes opinions, parce qu'elles ſont accréditées; héſiter de détruire l'erreur, de peur de déplaire aux eſprits qui s'en trouvent imbus; vains ménagemens, fauſſes conſidérations, puſillanimes égards loin de nous, loin de nos écrits qui nous en paraîtraient juſtement avilis.

QU'UN Écrivain timide compte ſoigneuſement les ſufrages, aulieu de les aprécier, & que, tremblant d'en perdre un ſeul, s'il choque ouvertement la manière de penſer générale, il meſure, ſur le genre d'impreſſion qu'il cherche à faire, le genre d'expreſſion qu'il veut employer, ce ſervile calcul eſt au deſſous de moi. Loin de ſe moduler au gré des passions des hommes, ma voix ne recevra son ton que de la vérité.

O sainte vérité, objet digne du plus beau zèle, je vous ai dès long-tems consacré, & le tribut de mes facultés intellectuelles, pâle & faible rayon que vous seule animez, & cette bouche peu éloquente, mais pure, & cette plume peu exercée, mais sincère!

UN Arrêt du Conseil d'État du Roi, en date du 30 Août 1784, permettant l'entrée dans plusieurs Ports des Colonies, de quelques objets d'urgente nécessité, par la voie du Commerce étranger, vient d'exciter une fermentation générale dans tous les esprits, & des sensations diamétralement oposées.

TANDIS que les Colons recevaient ce Réglement avec reconnaissance, &

comme le gage d'un second plus favorable à leurs besoins, & d'une utilité plus étendue, les Négocians des Ports de France l'ont voulu regarder comme attentatoire aux principes prohibitifs, qu'ils s'imaginent être le précieux fondement de leur existence & de leurs richesses. De là, générales allarmes, manœuvres ouvertes & cachées, attaques sourdes & publiques, clameurs de toutes parts.

LE Gouvernement, qui, depuis plus de vingt années, se trouve livré à une dangereuse fluctuation d'idées sur les prétentions & réclamations respectives des Colons & des Négocians, a paru desirer que cette matière fût enfin éclaircie par des discussions lumineuses.

LA Lice ouverte, les Écrivains des deux partis se sont présentés, mesurés, terrassés, relevés, à-peu-prés avec les mêmes pertes & d'égaux avantages. Mais malheureusement, tous étaient ou Colons, ou Commerçans; tous s'accusaient réciproquement de partialité; & tous, en effet, dans leurs principes & leurs conséquences, se sont considérés exclusivement. Le Moi, ce Moi contraire à l'investigation de toute vérité, ce Moi fascinateur des meilleures vues, a laissé sentir son insidieuse influence, même dans les esprits qui paraissaient devoir être le plus consacrés à l'instruction.

Un tel reproche ne pourra du moins m'être fait. Ne tenant par aucuns liens, ni aux Commerçans des Ports de France, ni aux Habitans des Colonies, si je pose des principes qui choquent ceux des uns, ou des autres, l'intérêt personnel, qui sait si bien masquer l'erreur, ne me les aura pas dictés, & ma voix dégagée de tous rapports asservissans, aura peut-être, par cette raison, le droit de se faire entendre, & d'inspirer quelque confiance.

J'AJOUTERAI qu'une longue suite d'Observations faites sur les lieux sont mes titres pour entreprendre un travail que les circonstances présentes peuvent rendre de quelque utilité.

QUE ceux qui peuvent le bien laissent tomber un regard sur ces lignes tracées par le zèle & l'impartialité : qu'ils ne craignent point d'y trouver les spéculations de l'homme cupide, ou les raisonnemens de l'Écrivain prévenu. Mais s'ils y rencontrent quelquefois les énergiques expressions d'une âme vivement affectée, qu'ils les pardonnent au motif qui les inspire, au desir d'être utile à ses concitoyens.

Eh ! que ne puis-je, en effet, anéantir à jamais ces systêmes faux & ruineux, qui distinguent ce qui est avantageux aux Colonies, d'avec ce qui est lucratif au Commerce de France. Les moyens d'améliorer le sort de celles-là, ne sont-ils pas en même-tems, ceux d'augmenter les richesses de celui-ci, puisque les consomations sont en raison des produits & de l'aisance ? D'ailleurs, Habitans des Colonies, Négocians des Ports de Mer, n'êtes-vous donc pas tous également Français? n'avez-vous pas tous le bonheur de vivre sous un Prince juste & bon, sous un Gouvernement ami de l'ordre, qui ne cherche que le bien-être des peuples, & qui ne peut manquer de l'opérer, lorsque les moyens auront été pesés dans la sagesse de ses Conseils? Vous n'êtes point ennemis, vous ne devez pas l'être. Cherchez tous l'avantage de l'Empire puissant dont vous avez l'honneur de faire partie, cherchez-le, démontrez-le, & quelle que soit l'opinion qui l'emporte, reposez-vous les uns & les autres sur la sollicitude paternelle du meilleur des Rois.

LES objets que je vais traiter, fixent en ce moment l'attention générale; chacun en parle suivant ses affections ou son intérêt. J'écrirai pour être entendu par tout le monde; parce que l'objet est important pour tout le monde. Je ne m'efforcerai de paraître ni concis, ni savant; concis, de peur d'être obscur; savant, de peur d'ennuyer. Je ne citerai ni Montesquieu, ni Colbert, à l'apui de mes opinions; je sais trop combien il est facile de plier à son gré les autorités,

& d'en imposer à la bonne foi du Lecteur sur l'Article des Citations. Des faits incontestables, & de la clarté dans les conséquences que j'en tirerai, formeront mes seules armes. J'ai été convaincu, avant de vouloir convaincre, je suis persuadé & j'écris. Lorsque j'aurai dit le vrai avec chaleur, intérêt & netteté, ma tâche sera remplie ; je ne contenterai peut-être pas un grand nombre de Lecteurs, mais j'aurai dit la vérité, tout tombe & s'évanouit devant cette idée consolante.

LETTRES CRITIQUES ET POLITIQUES.

LETTRE PREMIERE.

Des Colonies en général.

MONSIEUR,

C'EST à Christophe Colomb que l'on doit la découverte du Nouveau-Monde; c'est à vous que nous devons d'avoir fait connaître ses relations politiques avec le nôtre, & d'en avoir rendu l'histoire intéressante & familière à tous les ordres des citoyens. Vous avez su plaire même aux Lecteurs les plus superficiels, les plus aisés à rebuter par tout ce qui a l'apparence de l'instruction. Puissé-je, en vous adressant ces Lettres, participer un peu à cet heureux secret des Écrivains privilégiés! Puissé-je, enfin, Monsieur, sous vos auspices, jetter un jour lucide sur une matière qu'il importe à toute une grande Nation de connaître parfaitement.

Je dis une grande Nation, car, remarquez que sur ces objets, ce n'est point, pour cette fois, le Gouvernement qu'il faut tâcher d'éclairer. Sa manière de penser est heureusement anoncée par tous les efforts qu'il a faits, & notamment par l'Arrêt du 30 Août 1784, pour se débarasser des erreurs d'administration dont il était entouré; c'est le Public qu'il faut prémunir contre les insinuations captieuses & les réclamations intéressées du monopole & de la cupidité. Peignons ces deux ennemis du Bien-Public, & des grandes vues, avec leurs véritables traits; qu'ils n'osent plus paraître, sans être aussi-tôt reconnus à la lueur des faits qui vont ici déposer contr'eux.

Dans tous les écrits qu'ont produit les discussions qui se sont élevées au sujet de nos Colonies, on a donné de ces établissemens des définitions, qui toutes m'ont très-peu satisfait. On a copié l'Encyclopédie, & l'on a dit, *les Colonies ont été formées par la Métropole, & pour la Métropole.*

Pour que cette définition renfermât quelque justesse, il faudrait que la Métropole eût envoyé sur une terre, à elle appartenante, des hommes pour y cultiver des denrées à son usage, y consomer celles de son sol, & enfin établir des raports d'échange. Il faudrait qu'elle eût dit à ces hommes : „ allez traverser des mers inconnues, fixez-vous „ sur des plages lointaines, arrosez-les de „ vos sueurs, fertilisez-les par votre labeur, „ vous y trouverez à la fois votre opulence „ particulière & celle de votre mère-patrie, „ qui vous protégera par toutes sortes de „ moyens : travaillez pour moi, & je veillerai „ à votre défense, à votre sûreté. „

Rien de tout cela n'a eu lieu : les faits le prouvent, soit que l'on veuille remonter aux premières années de l'existence des Colonies, soit qu'on les veuille considérer à des époques plus raprochées.

Denambuc et Warner abordent à Saint-Christophe en 1625, précisément le même jour. Ni la France, ni l'Angleterre ne les avaient envoyés ; ces deux Avanturiers couraient les mers pour leur propre compte. Et leurs Métropoles restèrent tellement indifférentes aux succès de leurs entreprises, qu'elles n'influèrent en aucune manière sur le partage des Isles découvertes qu'en firent entr'eux en 1660 les premiers conquérans, ou leurs successeurs.

Les Français prirent pour eux la Martinique, la Guadeloupe, la Grenade. Les Anglais, Mont-Sarra, Tabago, les Barbades, &c. Saint-Christophe resta neutre. Les Caraïbes furent tous rassemblés à la Dominique & à Saint-Vincent. Quelque tems après que le hazard eût assigné à chacun des deux Empires d'Europe, les possessions éloignées sur lesquelles leurs sujets avaient, *de leur propre mouvement*, planté leur pavillon, la Côte

Septentrionale de Saint-Domingue fut habitée par des Français qui fuyaient des Antilles, déjà désespérés d'avoir à y gémir sous la tyrannie des priviléges exclusifs.

Ainsi le sol des Colonies fut conquis & habité d'abord par des particuliers, sans intérêt, sans aveu, de la part de la Métropole, & par conséquent sans qu'elle leur ait imposé aucunes conditions préalables.

Sans m'arrêter à suivre les différens régimes sous lesquels existèrent les établissemens Français, pendant les premières années de leur formation, passons aux tems où, retirés par Colbert, des mains d'une Compagnie de Commerçans ignorante, monopoleuse, & ruinée, ils devinrent enfin l'objet de l'attention du Gouvernement, partie de l'Etat, & Provinces de l'Empire.

Que fit la Métropole alors? des loix mal calculées, quant à la police du dedans, (*) &

(*) Le Code noir. Réglemens de 1670, & 1674, &c. Lettres-patentes de 1717, & 1727.

quant au Commerce du dehors. Que vois-je dans l'Histoire des Colonies Françaises jusqu'en 1727 ? le Commerce étranger dans tous leurs Ports, dans toutes leurs Ances, les alimentant dans leur berceau, les fortifiant dans leur jeunesse, & les faisant parvenir avec promptitude à l'âge heureux de la fécondité. Alors le Commerce de la Métropole, qui n'avait jusques-là fourni que des secours insuffisans, mais dont la jalousie s'était dès long-tems manifestée, obtint des Lettres-patentes pour recueillir seul les fruits de la semence étrangère.

Vingt époques différentes ont prouvé, de nos jours, que l'observation exacte de ces loix, eût à jamais stérilisé ces fruits dans leurs germes, & que c'est leur inexécution seule qui a permis aux Colonies de s'élever avec tant de rapidité, & de résister aux fléaux des ouragans, des sécheresses, des guerres longues & malheureuses dont, par leur position, tout le poids est retombé sur elles.

Est-il donc exact de dire que les Colonies ont été formées par la Métropole ; & n'y aurait-il pas quelque pudeur à avouer que ces enfans créés par le hasard, furent élevés de même, sans que leur éducation importât plus que leur naissance, jusqu'au moment où l'on s'apperçut que les soins qu'on leur donnerait seraient bientôt payés avantageusement?

Reste le second membre de la définition. *Les Colonies ont été formées pour la Métropole.* Mais lorsque je m'aprête à l'examiner, mille voix s'élèvent & m'arrêtent; le Négociant de France me regarde déjà avec colère, le Colon même s'écrie, „ oui nous sommes formés „ pour la Métropole; c'est pour elle que „ nous semons, & que nous recueillons; c'est „ à elle que nous sommes à jamais attachés; „ nous avons l'honneur d'être Français, ju- „ gez de notre amour pour ce nom par les „ regrets des Colonies (*) qui l'ont perdu."

Oui sans doute, fidelles & courageux Habitans des Colonies, vous êtes Français, vous en chérissez le titre, vous l'avez prouvé aux dépens de vos richesses & de votre sang même; les sièges de la Guadeloupe, de la

(*) La Grenade entr'autres.

Martinique, les efforts de Saint-Domingue pendant la derniere guerre, & mille autres époques l'ont prouvé suffisamment, & doivent faire regarder avec mépris, ces insinuations mensongères que l'on s'est permis quelquefois, tendant à faire suspecter l'attachement des Colonies Françaises à leur Métropole.

Mais quoique vous soyez Français, quoique vous le soyez peut-être avec plus de zèle & d'énergie que ceux qui ont osé jetter quelques soupçons sur vos sentimens à cet égard, je n'en soutiendrai pas moins qu'il est inexact de dire que les *Colonies ont été formées pour la Métropole.*

Cette locution entraîne après elle une idée d'obligation que je ne vois point établie par les faits. Les Colonies se sont formées d'un assemblage d'hommes qui ne reçurent aucunes conditions à l'instant de leur émigration. Appellés par le desir de faire fortune qui agitent plus ou moins tous les individus, ils ont été à quinze cens lieues de leur patrie, chercher une terre dont les productions plus précieuses payassent plus avantageusement leurs travaux;

& où leur industrie pût être mieux récompensée.

ABANDONNER son pays, ses proches, ses amis, tous les objets dont l'habitude forme autour de nous un cercle qu'on ne saurait briser sans douleur; chercher à travers les dangers d'une navigation alors périlleuse, parce qu'elle était peu connue, des climats sauvages, mal-sains, totalement opposés à ceux que l'on venait de quitter ; c'est ce qu'ont fait les hommes entreprenans qui sont venus peupler les Colonies, & ajouter des Provinces florissantes aux Empires qui n'avaient ofert aucunes ressources à leur indigence, ou à leurs talens.

QUEL dut être le motif d'un déplacement aussi risquable? l'espoir, non moins séduisant que trompeur, d'acquérir en peu d'années une fortune que l'on pût revenir un jour consommer au sein d'une Patrie dont on ne s'était séparé que dans cette flateuse intention, & non point dans le dessein de former une Colonie pour une Métropole. Les individus ne disent point, & ne doivent pas dire, allons travailler pour l'Empire, mais l'Empire doit dire, profitons du travail des individus. Aussi en faisant voir que les Colonies se sont formées pour elles-mêmes, je suis prêt cependant à convenir que leurs Métropoles doivent chercher à tirer le parti le plus avantageux de leur existence; reste à savoir si les moyens admis jusqu'à présent conduisent parfaitement à ce but. C'est ce qu'il faudra examiner dans les Lettres subséquentes.

Enfin, pour admettre raisonnablement la dernière partie de la définition que j'analyse, il faudrait supposer que les premiers Conquérans du sol des Colonies Françaises, qui pouvaient ou fonder un État libre, ou traiter avec tel Souverain de l'Europe qu'ils eussent voulu, aient jamais pu, dans le premier pacte qu'ils ont fait avec le Souverain, lui dire : „ C'est „ par la Toute-Puissance de ce don de Dieu „ qu'on apelle courage, que nous avons con„ quis ces terres. Nous sommes Français la „ plupart, nous aimons notre ancienne Pa„ trie, nous en aimons le Roi; nous nous „ donnons à vous sans réserve; nous vous „ donnerons tous les fruits de notre travail,

„ Vous ne nous donnerez pour la compen-
„ sation de nos peines que ce qu'il vous plaira
„ nous donner. Lorsque par les événemens
„ de la guerre, ou par les combinaisons de
„ vos Marchands, vous n'aurez ni instru-
„ mens aratoires, ni vivres à nous vendre,
„ nous nous en passerons; les terres que nous
„ avons conquises, & sur lesquelles nous avons
„ abattu les premiers arbres, seront cultivées,
„ ou resteront en friche, selon la volonté de
„ vos Négocians. Nous n'achetterons des
„ Esclaves que d'eux seuls, & au double du
„ prix que l'Empire voisin du vôtre les ven-
„ dra à ses Colons. Nous n'achetterons de
„ vivres pour nos Esclaves & pour nous que
„ de vos Marchands seuls, dussent-ils nous
„ les vendre mille pour cent de plus que
„ d'autres ne nous les feraient payer. Nous
„ nous sacrifierons, & nous & nos Esclaves;
„ nous essuierons toutes les rigueurs d'un
„ climat destructeur pour procurer les plus
„ brillantes fortunes, des Palais, & toutes
„ sortes de jouissances à quatre ou cinq cens
„ Marchands des Ports-de-Mer, car nous
„ avons été *formés pour la Métropole.* „

Je n'adopte pas la définition jusqu'à ce que l'on me montre ce Pacte écrit, & encore réclamerais-je contre son absurdité.

Que sont donc les Colonies, aura-t-on droit de me dire ?

Les Colonies Françaises de l'Amérique sont des populations agricoles, importantes par le genre de leurs cultures, estimables par l'espèce de leurs Colons : ce sont des Provinces du Royaume de France, comme la Normandie, la Bretagne & la Guyenne ; & s'il était question de prééminence entre les parties intégrantes de l'Empire, je ne balancerais pas un instant à l'assigner aux Colonies. Plus d'utilité, plus de lumières, moins de populace & de fripons. Cette observation constante a fondé mon opinion, je l'explique. Plus d'utilité : on est d'accord à croire que ces productions des Colonies forment dans le Royaume un mouvement de huit cent millions. Plus de lumières : que tous les fermiers de la Saintonge ou de la Normandie, viennent avec leur maison rustique sous le bras, comparer leurs connaissances à celles qu'exige l'exploitation d'une habitation quelconque à l'Amérique. Moins de populace & de fripons : jamais de tumulte dans les Villes, ni d'atroupemens licencieux. On couche assez généralement les portes à peine fermées, & les fenêtres ouvertes, du moins sur les habitations.

Les Colons ont presque tous droit à la considération personnelle par leurs qualités sociales, & leurs talens : c'est dans les Colonies sur-tout, que l'Agriculture, qui ne dut être avilie nulle part, est honorable & honorée : vaste dans ses opérations, riche dans ses produits, elle exige & fixe tous les soins d'hommes instruits, intelligens & laborieux.

Ne croyez pas, Monsieur, qu'en m'arrêtant aussi longuement sur la définition des Colonies, j'aie voulu faire une simple querelle de mots. Il importait de ne point laisser passer, sans observation, ces idées de *Nations fondatrices*, & de Colonies *fondées* : je les ai trouvé répétées par-tout, imprimées & manuscrites, & elles ont conduit insensiblement à des conséquences dangéreuses pour ces mêmes

Colonies, que ne furent dans leur origine; & je ne puis trop le répéter, puisque c'est la vérité, que l'ouvrage du hazard & de quelques individus : car si comme on l'a dit dans un Mémoire du plus grand poids, les tems n'étaient plus où les individus, pressés dans les lieux qui les avaient vu naître, étaient forcés pour se nourrir de refouler sur les espaces libres, c'était du moins les tems où les individus agités par un reste de l'esprit de Chevalerie, & par une soif ardente de richesses, cherchaient des climats éloignés qui présentassent à leurs desirs une opulence qu'ils ne pouvaient trouver chez eux.

Mais après avoir classé les Colonies, dans le rang qui leur appartient, au nombre des parties intégrantes de l'État, je me réunis à tous ceux qui ont parlé de leur destination. Elles consomment & doivent consommer le superflu des produits du sol de la France & de ses Manufactures, que des produits semblables repousseraient de l'étranger; elles lui livrent en retour & doivent lui livrer les denrées précieuses qui lui manquent, & qui lui sont devenues nécessaires, ainsi qu'à toute l'Europe.

Et, comme l'a dit le premier, un Habitant des Isles du vent, dont les lumières & le jugement sain ont combattu dès long-tems une partie des erreurs que l'esprit mercantile des Négocians des Ports-de-mer avait, jusqu'à lui, fait propager sans contradiction ; *les Colonies ont une merveilleuse aptitude à opérer la conversion des denrées de la Métropole en d'autres denrées plus utilement, ou plus facilement commerçables.* Les Colonies procurent à la France des moyens de travail de population, de richesses qui doivent les rendre à jamais précieuses à ce Royaume, & diriger vers elle les regards attentifs, & même les faveurs de son Gouvernement. Sans ces établissemens, la France tant vantée pour la fertilité de son sol, pour l'industrie & l'activité de ses Habitans, verserait chaque année trente millions chez les autres Nations, soit pour les intérêts de ses emprunts, soit pour les matières premières dont elle a besoin ; sans ces établissemens précieux, son numéraire éprouverait, chaque année, cette effrayante diminution ; tandis que, chaque année, il augmente de quarante millions ; sans l'aliment, enfin, que les denrées des Colonies fournissent à son

Commerce, elle ne se montrerait dans les Marchés de l'Europe que pour y afficher sa pauvreté, son inertie, ou les erreurs de son Administration.

A l'aspect de tous les Ports de France le Cultivateur de l'Amérique peut dire : „ c'est „ par moi que ces Ports ont été créés ; c'est „ à mes dépens que ces fortunes immenses „ & promptes de nos Échangeurs ont été „ élevées. C'est par moi que ces superbes „ maisons de ville & de campagne ont été „ bâties : c'est par moi que ces flottes Mar- „ chandes ont été construites & armées : c'est „ moi qui paie leurs Matelots & les Ouvriers „ en tout genre qu'elles ont employés : sans „ mon industrie, sans mon courage, sans „ celui de mes prédécesseurs qui ont conquis „ par leurs épées les terres que je possède, „ & fertilisé, aux dépens de leurs corps épui- „ sés par le travail & des sollicitudes de toute „ espèce, un sol fécond, mais meurtrier, qui „ consome & dévore ses Habitans, ces Vil- „ les, ces Ports n'existeraient point, & l'herbe „ croîtrait encore où de magnifiques Édifices „ annoncent l'opulence de ceux qui les ha-

„ bitent, & l'utilité des Colonies, qui, seule „ ont amené cette opulence sur des rives „ autrefois désertes & misérables. „

Il serait donc strictement plus vrai de dire que Bordeaux, Nantes, le Havre, &c. ont été formées par les Colonies que celles-ci par la Métropole. Voyons maintenant quelles idées la Nation doit avoir de ses Négocians des Ports-de-Mer : je crois qu'à l'examen nous trouverons également beaucoup de choses à réformer sur cet objet, qui sera le sujet de la Lettre prochaine.

LETTRE II.

MONSIEUR,

CE n'est point pour vous que je fais les questions suivantes : leurs réponses ne vous apprendraient rien : mais vous savez qu'il importe souvent de réclamer les notions les plus simples, lorsque leur oubli mène à des conséquences hasardées. Je demande donc d'abord,

QU'EST-CE que le Commerce ? la base & le conservateur de toute Société, le lien des individus & la richesse des États. Personne ne l'ignore à présent, & sous ce point de vue il n'est point de contradicteurs.

QU'EST-CE encore que le Commerce ? la science du besoin des autres & l'emploi de notre superflu.

QUELS sont ceux qui ont le droit de prétendre être le Commerce ?

CE sont ceux qui produisent & créent les

objets de l'échange ; ce sont les possesseurs des terres, soit du Royaume, soit des Colonies ; ce sont les Manufacturiers, les Fabriquans du Royaume. Voilà ceux qui occupent les deux premières lignes d'utilité sur la surface de l'Univers. Vous, Négocians des Ports-de-Mer, vous n'êtes que les rouliers du Commerce, les Agens, les appareilleurs des matières de l'échange recoltées, ou manufacturées : & je dis plus, très-souvent les ennemis ; les destructeurs du Commerce, par les profits trop considérables que vous faites sur les produits de l'Agriculture & de l'industrie. Et cependant vous avez persuadé long-tems que le Commerce & le Commerçant étaient une seule & même chose ; mais enfin cette absurdité a été reconnue pour telle, & l'on commence à savoir que les Négocians des Ports-de-Mer ne sont pas plus le Commerce que ceux qui allument les lampes & les cierges d'un Temple, ne sont la religion qu'on y professe.

„ Tu te fais Négociant, dit un Anglais „ à son fils, sois vrai, sois honnête, si tu le „ peux, mais fais fortune." Je n'examinerai point ce proverbe Anglais, mais je remarquerai seulement qu'il renferme un grand sens, & une bonne leçon pour les Administrateurs, ainsi que ce passage de Colbert, tiré d'un Manuscrit remis au Roi en 1667.

„ L'UTILITÉ que le Commerce aporte aux „ plus puissans États est démontrée, mais „ je ne sais pourquoi l'on a dit que le Né- „ goce est contraire à la vertu; si ce n'est „ que les Marchands sont incessamment oc- „ cupés à chercher des inventions pour pro- „ fiter, & qu'ils sont en quelque façon les „ serviteurs du public." On observera que ce Ministre célèbre parlait des Négocians des Ports-de-Mer quand il s'exprimait ainsi; d'où l'on peut juger qu'il ne se faisait pas une grande idée de leur délicatesse, & qu'il savait jusqu'à quel point l'État devait leur accorder sa confiance.

IL faut enfin vous rendre justice, Négocians des Ports-de-Mer; qu'êtes-vous sur le Globe? De quelque Pays que vous soyez; vous êtes, nous l'avons dit, de simples échangeurs; votre industrie n'est donc que la suite de l'industrie des autres. Quelle est votre Patrie? l'*Univers*. Dans quelque partie de la terre que ce soit, s'il y a des bénéfices à faire par l'échange, l'envie de vous enrichir vous y porte. L'Angleterre, la Hollande, l'Espagne, l'Allemagne, la Barbarie même, où vous êtes par fois assez incivilement traités, tous Pays vous sont bons. C'est dans tous les Pays de l'Univers que les mieux élévés d'entre-vous vont faire leur premier aprentissage & que vous allez vous former aux grands principes du Cosmopolisme, & du Négoce; tous les lieux sont égaux pour vous dès l'instant que vous espérez y trouver de l'or; si votre terre Natale vous en offre plus qu'une étrangère, vous vous y fixez; si vous comptez en trouver plus ailleurs, vous vous y transportez. Vous êtes sur cela sans aucune faiblesse humaine, & toutes ces petites choses que les âmes *communes* aiment avec tant de passion, les amis, les parens, la Patrie, vos *grandes* âmes les dédaignent. Votre premier sentiment à l'aspect de l'or que vous avez vû a été de dire, *ma Patrie est par-tout où je pourrai te prendre.*

L'ÉTAT dans lequel vous êtes nés se trouve-t-il en guerre avec la Puissance chez laquelle vous allez vous établir? Eh! que vous importent ces disputes de Couronne à Couronne? Vous êtes *trop Philosophes* pour entrer dans leurs différends, car l'Univers, dites-vous est la Patrie du Négociant. Aussi se rapelle-t-on toujours avec plaisir cette réponse si sensée d'un de vos confrères Hollandois, à qui un Général reprochait d'avoir porté des vivres & des munitions de guerre à l'ennemi de sa Patrie; „ cela vous étonne, lui répondit-il! „ j'irais aux enfers, au risque d'y brûler les „ voiles de mon navire, si j'espérais y trou„ ver vingt-cinq pour cent de bénéfice." Aussi ne cessé-je d'admirer cet esprit *patriotique* des Chambres d'Assurances en tems de guerre, qui par l'extention de leurs polices chez les Puissances ennemies, parient bravement contre les efforts de leur Souverain, & de leur Concitoyens; en sorte qu'un Membre de la Chambre d'Assurances, de Bordeaux par exemple, lorsqu'en 1781, elle avait assuré la plus grande partie des vaisseaux Marchands Anglais, devait souhaiter de tout son cœur qu'aucun Corsaire Français, qu'aucun vaisſeau du Roi ne fît de priſes ſur les ennemis ; & devait accueillir d'un front ſourcilleux, & d'un air renfrogné toute nouvelle d'un ſuccès quelconque de la part des Français, en ce genre.

Quel eſt votre but, en tout tems, Négocians des villes Maritimes, quelle eſt votre profeſſion, dans tous les Pays du Monde ? d'acheter au meilleur marché, & de vendre le plus cher poſſible. Cette direction d'intention de votre part eſt la baſe du métier, & la ſuite c'eſt la ruſe, & même ſans vous en douter, l'inhumanité ; car je vous ai vus partout attriſtés par l'abondance, & ſouriant à la diſette.

Quel eſt votre but actuel ? C'eſt d'éponger, de preſſurer tellement la fortune générale & les fortunes particulières des Colonies, que vous puiſſiez en ſept ou huit ans en extraire ce que les ſpéculations d'un Commerce raiſonnable & conſervateur pourraient à peine vous procurer en cinquante.

Est-ce un Patrimoine, en effet, que vous

cultivez dans votre Commerce? Qui de vous compte le transmettre à ses enfans! vous travaillez au contraire à les en éloigner. Quel est celui d'entre-vous qui dans ses spéculations n'aspire à leur laisser des fortunes qui, dans nos mœurs & nos préjugés, leur feront dédaigner la profession de leurs Pères pour en prendre de plus honorables? Aussi, comment traitez-vous le Commerce? A-peu-près comme les locataires passagers d'une chambre garnie traitent les meubles de leur apartement. Vous le souillez, vous le déchirez, vous l'anéantissez par votre avidité. Avez-vous même assez de lumières pour qu'on puisse s'en raporter à vous en matière de Commerce? Vos échanges avec nos Colonies n'exigent pas même que vous en ayez : car ce ne sont que des échanges du hasard & du moment. Une cargaison de Bordeaux doit contenir tant de vins, tant de farine, tant de fer, &c. toutes se ressemblent; il n'y en a pas une qui ne soit calquée sur une autre.

Il en est de même de vos cargaisons de Nantes, & du Havre; aussi ne trouve-t-on pas dans vos Ports ce qu'on peut appeller un Négociant.

Négociant. Eh! qui de vous peut se comparer en éducation, en lumières à nos Négocians de l'intérieur du Royaume? Pouvez-vous vous mesurer avec nos grands Manufacturiers, avec nos Fabriquans de Lyon, avec nos Négocians de Marseille, dont le Commerce du Levant exige des spéculations pour plusieurs années. Vous n'avez pas même les plus simples notions sur nos Colonies; vous n'en avez pas les plus légères idées, vous n'avez que celles que peuvent vous donner vos patrons de navires qui ont souvent intérêt de vous tromper, & qui, d'ailleurs, sont, pour la plupart, incapables de porter leurs vues plus loin que l'étendue de leurs Magasins.

Comme plusieurs personnes, trompées par la ressemblance des mots, auront encore de la peine à comprendre que les Commerçans ne soient point le Commerce, je sens qu'il est nécessaire de ne pas quitter cette vérité, avant de l'avoir dépouillée de toute apparence de paradoxe.

Je répète donc que si l'on veut classer,

ſelon la nature des choſes, les Coopérateurs de la proſpérité du Commerce, il faut inconteſtablement placer le (*) Cultivateur de tous les Pays au premier rang. C'eſt la claſſe productive, créatrice : c'eſt elle qui fait les fonds du Commerce par les denrées qu'elle introduit dans le Commerce, denrées qui ſont la baſe de toutes les richeſſes, & dont toutes les autres ne ſont que le ſigne. Le Manufacturier vient après, parce qu'il eſt auſſi à pluſieurs égards créateur & productif. Il reçoit la matière première du Cultivateur, mais ſon induſtrie la met en œuvre, la perfectionne, & y ajoute une nouvelle valeur.

Le troiſième rang ſeulement doit être aſſigné au Négociant, parce qu'il ne participe aux actions du Commerce que pour l'échange des objets que le Cultivateur a créés, & que le Manufacturier a mis en œuvre. Sous ce point de vue véritable le Négociant n'eſt donc véritablement que le Commis des deux premiers Agens. Le Commerce pourrait exiſter avec les deux premières claſſes, & ſans

(*) On entend par Cultivateur le Propriétaire des terres.

Commerçans ; mais le Commerçant ne peut pas exister sans elles.

Rien ne prouve mieux que deux objets ne sont pas une seule & même chose, ou qu'ils n'ont pas d'identité, que lorsqu'on peut les concevoir abstractivement l'un de l'autre. Or, on peut, par exemple, supposer qu'un Cultivateur après avoir tiré, ou fait tirer, par le travail, les matières premières du sein de la terre, les fasse ouvrer par des Fabriquans, si lui-même ne l'a pu faire, & s'en procure directement le débit & l'échange. Dans cette action simple du Commerce il n'y aurait pas eu besoin d'entremetteurs, & il n'en prospérerait pas moins ; au contraire, ce serait la plus parfaite des exploitations ; ce serait l'exploitation la plus avantageuse aux deux classes productives, & la plus utile à l'État.

Cette hypothèse est purement théorique ; je conviens qu'elle n'est pas praticable relativement à la masse des objets & des mouvemens du Commerce, mais elle prouve au moins que ce n'est que par nécessité que les deux premières classes productives se sont déterminées à employer le Commerçant pour la plus grande célérité des échanges. Ce n'est que pour cette raison seule qu'il a été admis parmi elles ; & , il ne faut pas le dissimuler, cette admission même est un impôt souvent trop considérable, par le prix que les Commerçans ont mis à leur entremise, prix qu'ils augmentent sans cesse, à la faveur des loix prohibitives, & qui finit quelquefois par absorber presque tout le profit du Cultivateur & du Manufacturier.

Établissons donc comme des vérités de pratique universelle, que l'intérêt du Commerce n'est pas le même que celui du Commerçant. Que l'un cherche le bien-être de tous les individus. Que l'autre n'envisage dans chacune de ses opérations que le bénéfice qu'il en peut retirer. Que c'est à cet objet unique que tendent ses spéculations, son activité, son économie. Que cette disposition exclusive & individuelle le rend, par état, l'ennemi le plus redoutable des propriétés & des productions, tant Nationales que Coloniales. Que les ressources, les efforts de chaque Négociant tendent à ramener les unes &

les autres au plus bas prix lorsqu'il les achette ; & à s'assurer le plus haut prix en les vendant & revendant, parce que dans le double rôle de vendeur & d'acheteur il est toujours Marchand, & par conséquent toujours occupé des moyens de rassembler de tous côtés, & sur lui seul, le plus de bénéfices qu'il lui est possible. Les conséquences de ces dispositions ne sont que trop aisées à tirer, & ne se sont que trop fait sentir jusqu'à présent dans toutes les opérations des Négocians des Ports-de-Mer avec nos Colonies. Mais enfin l'époque est venue où l'Administration, tant de fois trompée par eux, sent qu'il est nécessaire d'admettre d'autres principes que ceux qu'ils ont posés pour leur seul intérêt, & de réduire désormais à une plus juste valeur & leurs promesses, & leurs menaces.

Après avoir exposé des idées simples & vraies sur l'état du Colon & du Commerçant; après avoir ainsi fixé nettement le rang de chacun, il en doit résulter qu'on sera moins sujet à manquer aux égards qu'on doit à leurs plaintes & prétentions respectives, & que l'on n'attribuera plus une faveur, qui fut long-tems presqu'exclusive, aux demandes de l'accessoire, téméraire usurpateur d'une considération plus légitimement due au principal.

LETTRE III.

MONSIEUR,

JE dois maintenant vous entretenir de l'état actuel de l'Agriculture dans les Colonies; nous passerons de-là aux moyens possibles de l'augmenter dans les unes, & de la soutenir dans les autres. Je commencerai par la Martinique.

L'AGRICULTURE y languit; la terre n'y est plus cette Vierge, qui, fertilisée subitement, récompensa les premiers soins du Cultivateur par des productions centuplées; des récoltes nombreuses ont épuisé chez elle cette force végétante que des siècles d'inaction avaient formée d'antiques débris, des dépouilles annuelles des arbres, & de leurs troncs cédant successivement à la loi de la vétusté; son sein, trop fréquemment ouvert, ne fournit plus avec la même abondance cette nourriture fructifiante aux besoins du plant qu'on lui confie; âgée, vieillie maintenant, pour être encore féconde elle appelle les ressources de l'art au secours de la nature paresseuse; pour ranimer ses sels épars, pour lui rendre cette énergie productive qui fait croître & mûrir, il lui faut à présent des préparations compliquées, difficiles, dispendieuses.

Il est d'autres causes encore de la décadence de cette Colonie dont la tête altière dominait sur toutes ses sœurs de cet Archipel. Je les ferai sentir. Mais rappellons d'abord les moyens qui avaient fondé sa splendeur, & l'avaient élevée à ce haut point de prospérité qui excitait l'envie & l'admiration des autres Isles ses voisines, & ses tributaires. Ils ne sont plus en son pouvoir, cependant il ne sera pas inutile d'en exposer ici sommairement quelques-uns.

Les Colonies naissantes qui étaient alors forcées de tirer de son sein les marchandises dont elles avaient besoin, & d'y verser leurs denrées, parce qu'elle seule avait les vaisseaux de la Métropole dans ses rades, se sont peu-à-peu enrichies par la progression de leurs cultures, & bientôt assez considérables pour pouvoir se passer de leur superbe voisine, elles ont appelé les Navires directement dans leurs

Ports, & fixé chez elles un Commerce qui fut long-tems une des sources fécondes de l'opulence de la Martinique.

Elle en avait une autre abondante qui lui fut fermée sans retour en 1751, par le changement que les Espagnols firent dans la manière d'aprovisioner leurs Colonies & d'en retirer les produits. Dès-lors le Commerce interlope de leurs Côtes cessa presqu'entiérement, parce qu'il ne présenta plus à l'avidité des hommes audacieux qui le faisaient que des risques accrus, & des profits médiocres & incertains, au lieu de ces échanges favorables qui, auparavant, avaient créé tant de fortunes.

Privée d'un Commerce qui lui procurait un numéraire immense, la Martinique avait encore quelques Ports ouverts où elle échangeait ses sirops & ses taffias contre la morue, les animaux, le merrain & le bois de charpente que lui aportaient les nouveaux-Angleterriens. Elle conservait même des liaisons avec la Louisiane qui lui étaient précieuses. Mais cette liberté de Commerce dont, malgré les Lettres-Patentes de 1727, elle avait toujours joui, pour ainsi dire, sans trouble, souffrit alors plusieurs atteintes.

Son Administration ayant commencé à devenir coërcitive, cette foule de bâtimens qui fréquentaient ses rades se virent forcés à les abandonner. On ne put rappeller ces Caboteurs, épouvantés par un tas de formalités minutieuses & embarrassantes pour des gens qui n'avaient d'autres notions de Commerce que la simplicité lucrative de l'échange, qu'ils tâchaient de faire plus ou moins avantageux. C'est à quoi se réduisaient toutes leurs opérations, & l'on était riche alors. Car il faut remarquer que parmi toutes les fortunes rapides qui furent faites dans cette Colonie pendant les quatre-vingt premières années de son établissement, peu, très-peu, sans doute, étaient l'ouvrage de l'Agriculture, presque toutes furent dues au Commerce interlope que de hardis Navigateurs, partis des Ports de la Martinique, faisaient avec la Côte d'Espagne.

La perte du Canada & la vente de la Louisiane ont détruit toute possibilité de faire renaître dans cette Colonie aucune branche de Commerce, jusqu'à ce qu'une nouvelle guerre, changeant les Maîtres & les possessions, démarcant les limites, troublant, abolissant l'ordre établi pour en arranger un nouveau qui devra bientôt subir la même révolution, remette aux mains de ses anciens Possesseurs les Provinces qu'ils ont aliénées par de malheureuses circonstances, ou par des systêmes qui auront alors perdu leur faveur.

Aux avantages du dehors la Colonie joignait encore ceux du dedans, c'est-à-dire qu'une culture féconde & peu pénible secondait un Commerce étendu. La terre découverte, pour la première fois aux rayons du soleil, récompensait alors par des récoltes abondantes les travaux prospères de celui qui avait changé les bois inutiles qui surchargeaient son sein, en ces roseaux précieux dont le suc recherché augmente les jouissances de l'homme sensuel en enrichissant l'homme laborieux.

On n'éprouvait pas dans ces tems fortunés, ces contrariétés annuelles qui tout-à-coup, anéantissent l'espoir & les richesses du cultivateur abusé. Cette maladie épidémique de la nature, dont les funestes combinaisons paraissent maintenant si favorables à l'effrayante population d'un insecte multiplié à l'infini, les fourmis se réduisaient à des espèces peu dangéreuses. On avait le bonheur de ne pas connaître ces terribles invasions qui ne laissent que des bâtons desséchés dans les mêmes campagnes où, trois mois auparavant, l'œil, réjoui par la verdure, considérait les belles apparences de la plus riche moisson. On travaillait; & l'on était sûr que ses travaux ne seraient point infructueux : la plus légère façon à la terre suffisait pour en obtenir des trésors.

L'Ouragan, il est vrai, avait déjà fait sentir ces tourbillons furieux qui semblent les efforts convulsifs de la région des airs tout-à-coup conjurée contre les mêmes plantations que ses douces influences avaient produites & fait fructifier. Mais ces coups terribles ne frapaient qu'à des distances considérables : cette guerre subite & cruelle d'un élément irrité contre un autre, qui en désole par ses funestes ravages les malheureux habitans, laissait alors respirer des générations entières sans s'être manifestée, & permettait de réparer les pertes qu'elle avait occasionnées une fois dans quarante ans.

En 1718, un événement singulier, & ruineux pour le moment, tourna même au profit du cultivateur; une pluie de cendres que vomit le volcan de Sainte-Lucie fit périr tous les Cacaoyers; une plante plus précieuse leur succéda. Cette féve, dont les vertus pour celui qui la consomme sont peut-être encore problématiques, mais dont l'utilité pour celui qui la cultive a été démontrée par la plus lucrative expérience; cette féve, dis-je, portée pendant long-tems à un très-haut prix, paya par des raports prodigieux une culture aisée & peu dispendieuse.

Le Colon opulent parce qu'il récoltait beaucoup & dépensait peu, n'étant point encore assujetti à toutes les superfluités du luxe qui nous sont devenues des besoins, trouvait facilement, & à un prix modique, des bras pour cultiver ses terres, dont le bénéfice employé à se procurer plus de Nègres, servait à entreprendre de nouveaux défrichés, dont le sol souvent concédé, ou achetté à bas prix, n'en absorbait pas alors, comme à présent, pour être liquidé, les premières & les meilleures récoltes.

La facilité qu'une traite suivie de Nègres ofrait de s'en procurer, entraînait une conséquence bien avantageuse pour l'habitant qui se voyant à même de renforcer son attelier, le mettait toujours au-dessus de l'étendue de ses travaux, & s'en trouvait bien au bout de l'année. Les bras employés pour accomplir la tâche se conservaient plus vigoureux étant moins fatigués; les sueurs qui fécondaient les champs ne coulaient du front de l'Esclave qu'en petite quantité, & pouvaient être comparées à ces douces transpirations, signes heureux d'un tempérament qu'elles fortifient, & non à ces crises violentes qui l'épuisent.

C'est ainsi, c'est par l'heureux concours de tant de moyens puissans que la Martinique devint la plus florissante Colonie des Antilles. Connue presque seule de la Métropole, elle fixa toutes ses attentions & par la masse des produits qu'elle lui faisait parvenir, & par le nombre d'hommes opulens qui venaient étaler dans la Capitale, ou dans les principales Villes du Royaume, des fortunes aussi brillantes que rapides, qu'un peu d'industrie & beaucoup de bonheur avaient su leur procurer promptement sous ces climats alors trop fortunés.

Au milieu de tant de richesses, osons dire de gloire, (Ruiter repoussé du Fort-Royal, & ses fameux Flibustiers lui en avaient justement acquis) arriva le terme fatal de ses prospérités. La guerre de 1756 se déclara. Funeste époque! Quelle suite inombrable de revers n'entraîna-t-elle pas après elle?

Malgré le courage soutenu des Corsaires de la Martinique, qui conduisirent dans ses Ports un grand nombre de prises, la misère, la famine se firent sentir avec toutes leurs horreurs dans plusieurs endroits de l'Isle. Dès-lors survinrent les affaires embarrassées: le Colon qui ne trouvait pas le débouché de sa denrée, la vit tomber au plus bas prix, & ne put fournir aux frais journaliers d'exploitation qu'en se chargeant de dettes immenses, qu'il espéra pouvoir acquitter dans un tems plus favorable, & qui se trouvèrent, au contraire, toujours s'augmenter par la multiplicité des circonstances critiques qui n'ont cessé d'affliger l'habitant depuis cette guerre malheureuse.

En 1762, la seconde tentative de l'ennemi ayant mieux réussi que la première, la Martinique tomba sous un joug étranger. Ses nouveaux Maîtres qui la jugeaient d'après sa réputation passée, avaient sacrifié des sommes considérables pour la conquérir. (*) Flattés de l'espoir de la garder, ils furent disposés à la rétablir dans tout l'éclat dont elle avait joui. L'or recommença à circuler, les denrées reprirent un cours assez fort pour les circonstances, l'Habitant respira.

Après dix-sept mois d'une situation que les vues secrettes d'un habile vainqueur avaient extrêmement

(*) Les Anglais se décidèrent à faire la conquête de la Martinique, principalement pour se venger du tort que traitaient à son Commerce les Corsaires qu'elle avait armés dans ses rades, & qui dans l'espace de quatre ans avaient fait jusqu'à neuf cens prises.

extrêmement adoucie, cette Colonie retourna au pouvoir de ses premiers fondateurs. Le Ministère qui décida des conditions d'une paix qu'il semblait imposer, uniquement occupé de la possession du Canada, rendit, pour se l'assurer, presque toutes ses autres conquêtes, & celui que les hasards d'une guerre désavantageuse obligeaient de perdre quelque chose, se crut heureux de conserver ses meilleures Isles à sucre par le sacrifice du Commerce des pelleteries & de la pêche de la morue. Les événemens ont prouvé, depuis, combien une des deux Cours se trompa dans son système politique.

La Paix, cette aimable & bienfaisante Déesse qui crée & conserve le Commerce, anime l'Agriculture, développe l'industrie, & dont le nom seul inspire à l'homme entreprenant la confiance dans ses opérations, ne fait cependant croître qu'avec lenteur les fruits précieux de son olivier, tandis que son impitoyable rivale les a détruits en un instant. Trois années n'avaient pas suffi à la Martinique pour lui faire oublier ses malheurs, lorsque, en 1766, le plus terrible ouragan qu'elle eût jamais ressenti, vint la replonger dans cette situation extrême dont elle ne faisait que de sortir.

Témoin de cette scène de dévastation, j'en conserve la mémoire profondément gravée, & je puis assurer que de tous les fléaux de la Nature aucun ne peut être comparé à celui-là. Les orages portent dans un cércle étroit, le tremblement de terre ne se fait violemment sentir que dans une étendue bornée, & s'il renverse les bâtimens, il laisse du moins sur pied les plantations dont les fruits servent à réparer ses effets. Mais l'ouragan terrible frape par-tout à la fois, renverse les maisons, détruit les fortunes, arrache, anéantit les plantations, attaque même la vie, & l'être épouvanté qui échape à la chûte de son toît, ne trouvant le lendemain, au lieu de l'opulence de la veille, que la misère & la faim, fixe un œil consterné sur des ruines & des décombres, & regrette de survivre à ses biens.

Plus de plantations, plus de vivres, plus de denrées, &, par une conséquence barbare de l'esprit de Commerce des Négocians des

Ports-de-Mer, plus de Navires dans les Ports de la Martinique. Le Créancier devenu d'autant plus pressant qu'il se trouvait lui-même jeté dans le besoin par la catastrophe générale, obligea son Débiteur de vendre les Nègres dont les travaux auraient pu rétablir son habitation dévastée : de-là, combien de terres abandonnées, combien de familles perdues sans ressource, sur-tout lorsque les fourmis, qui parurent l'année d'après, eurent commencé leurs ravages. Et ce second fléau fut peut-être enfanté par le premier.

Le prix forcé auquel s'éleva subitement le Café, sembla pouvoir réparer les pertes de la Colonie, & la rétablir dans son lustre : c'était une planche offerte dans le naufrage : c'était une branche vigoureuse dont la sève abondante aurait pu revivifier le tronc : c'était enfin un rayon de force & de santé qui brillait au milieu des jours languissans d'une maladie mortelle.

Simptômes trompeurs & momentanés d'une convalescence passagère! La révolution que soufrit bientôt cette dernière ressource du

Cultivateur, le réduisit à maudire la terre d'où ses pères avaient tiré tant de trésors sans peine, & qui, malgré des travaux obstinés, ne produisait plus pour lui que des cannes rongées, détruites par les fourmis avant leur maturité, où des cafés dont le vil prix ne pouvait le payer des frais du défrichement & de la culture.

Deux nouveaux ouragans & une longue guerre ont agravé depuis sept ans la situation des Habitans de la Martinique. Comment réparer maintenant ces pertes de Nègres que chaque attelier doit en tribut à la nature en raison du nombre dont il est composé, mais que mille causes accidentelles multiplient beaucoup au delà du calcul des tables de mortalité chez les autres hommes ? Où trouver de quoi fournir à ces achats dispendieux d'objets périssables que l'abandon total de la Métropole oblige à faire en argent chez l'étranger ? Commerce dangéreux qui a fait sortir en peu de tems tout l'or de cette Isle apauvrie, sans espoir de l'y voir rentrer ; Commerce contraire aux vrais principes qui veulent que tout soit échange dans les Colonies.

Si la nécessité d'avoir des bras cultivateurs a contraint de le tolérer jusqu'ici, il reste encore à demander aux Armateurs des Ports de France pourquoi ils ont réduit la Martinique à cette même nécessité, en cessant de lui envoyer des Navires négriers, & les adressant tous à Saint-Domingue, sous prétexte que la vente y est plus avantageuse. Calculs faux d'un Commerce rétréci qui n'envisage que le bénéfice du moment, ils ont consommé la ruine de cette Colonie.

Après avoir retracé les causes principales de la splendeur passée & de la décadence actuelle de la Martinique, il reste à examiner s'il ne ferait pas possible de suppléer les unes & de faire cesser les autres. Nous conviendrons d'abord qu'il faut qu'elle renonce à l'espoir de faire aucun Commerce lucratif au dehors. Les systêmes politiques des Espagnols, & des Anglo-Américains, quoique bien différens entr'eux, interdisent à toutes les Colonies des spéculations sur un cabotage actif. Reste donc la culture pour unique ressource à ces grands établissemens. Que ce soit donc elle qui fasse l'objet de toutes les recherches, de toutes les réflexions, de tous les projets tendant au bien des Colonies, & par conséquent de tout l'État.

Mais, pourquoi ne le dirais-je pas dans ce moment, quitte à le répéter vingt fois dans le cours de cet Ouvrage ? Tous les systêmes, toutes les combinaisons se réduisent à deux seuls points ; *des Nègres & des vivres pour les Nègres.* Voilà toute l'économie des Colonies, voilà leurs vrais moyens réparateurs, & conservateurs ; *des Nègres & des vivres pour eux*, de quelque part qu'ils viennent, de quelque manière qu'on les paie.

Cette vérité générale pour toutes les Colonies, sera traitée avec étendue dans les Lettres subséquentes, en parlant du Commerce des Ports-de-Mer ; quant à présent occupons-nous encore de ce qui est plus particulier à la Martinique.

Il se pourrait que l'on me répondît que depuis quize ans l'admission des Nègres de traite étrangère, achetés à la Dominique, & importés dans l'intérieur de la Martinique par des bâtimens interlopes, a été constamment tolérée par l'administration, qu'ainsi cette Isle a eu toutes les ressources possibles pour se réparer. Jetons un coup-d'œil sur cette opération.

Depuis qu'une guerre désavantageuse obligea la France d'acheter la paix par des sacrifices de plus d'une espèce, son Commerce fut réduit, pour la Guinée, aux seuls Comptoirs de Gorée & de Juida. Faible ressource, qui ne pouvait suffire aux besoins qu'exige le genre de culture introduit dans les Isles.

L'Administration s'en aperçut; & les importations des Noirs depuis 1764, n'étant pas la dixième partie de ce qu'il fallait pour réparer les pertes annuelles, elle sentit que les principes jaloux du Commerce National devaient se taire à cet égard. Elle n'avoua pas, mais elle toléra les fournitures du Commerce étranger aux Isles du Vent, & elle ne pouvait faire autrement à moins d'entraîner la perte entière de ces Colonies par l'abandon successif des habitations qui, faute de bras, seraient tombées en friche.

Elle avait vu le danger, mais le remède qu'elle y laissa porter n'était pas sans inconvéniens. Il en eût un capital que la pratique découvrit à tout le monde, mais que le Calculateur prévoyant avait annoncé dès le commencement, sans qu'on daignât alors y faire attention. Tout le numéraire est sorti sans retour des Isles Françaises pour l'achat des Nègres chez l'Étranger. La Dominique, que j'ai vue être pendant huit ans le marché principal de chair humaine, a absorbé tout l'argent de la Martinique & de la Guadeloupe, &, ne l'ayant reçu que comme Entrepôt, ce Gousre qui a tout englouti, s'est trouvé lui-même, dès avant la dernière guerre, dans le manque absolu d'espèces.

Pendant les cinq premières années de la faveur de ce Commerce, le haut prix des cafés avait obligé les Provenceaux d'aporter des Portugaises pour suppléer aux faibles fonds de leurs cargaisons & se procurer un chargement complet en retour. Ce signe représentatif des richesses ne diminua pas alors sensiblement, malgré l'extraction considérable qui s'en faisait, d'ailleurs le Commerce de la

Dominique qui paraissait avantageux, engageait à ouvrir les cofre-forts aux revendeurs qui le faisaient, en aparence, à de gros bénéfices. Et ces revendeurs, tous gens sans calcul, & séduits par un appât superficiel, ne faisaient aucune dificulté d'emprunter à de gros intérêts pour satisfaire aux engagemens qu'ils avaient contractés chez le Négociant Anglais, & se croyaient dédomagés de la longueur des termes qu'ils donnaient en vendant de la seconde main, par le bénéfice qu'ils faisaient sur le prix. En effet, à ne consulter que leurs livres de compte, l'opération paraissait bonne : mais en examinant la difficulté, les délais des payemens, les non-valeurs de plusieurs obligations mal-assises, le profit s'évanouissait pour la plupart de ces revendeurs, qui reconnaissaient à leurs dépens l'erreur dont ils s'étaient bercés.

Le prix des cafés tomba, les Provenceaux ne firent plus l'importation des espèces, & l'exportation s'en continua cependant, parce que les obligations contractées au marché Anglais étaient spécifiées en argent. Le besoin de la marchandise étant toujours renaisſant par le genre dont elle eſt, il fallut bien en continuer l'achat, & l'on épuiſa juſqu'à la dernière bourſe. Enfin le vide s'eſt fait ſentir, & par-tout à la fois : ce Commerce a ceſſé preſqu'entiérement, même avant la dernière guerre, faute de moyens, & depuis la paix il eſt preſque nul : l'Angleterre a été obligée d'acquérir elle-même ſa traite, ou d'en faire paſſer une partie dans les Établiſſemens Eſpagnols, double perte pour la France comme je le démontrerai en tems & lieu.

Telle eſt donc la ſituation des Antilles & de la Martinique ſur-tout, que leurs habitans grévés de pluſieurs fléaux & ſans argent, ſéchent de chagrin ſur une terre qui leur demande en vain des bras : leurs attéliers diminuent, ils ne ſauraient les réparer, il faut du numéraire, ils n'en ont pas, il n'en exiſte plus chez eux. Que vont donc devenir les cultures ? La ruine de ces Contrées ſi fertiles, ſi opulentes, eſt-elle donc inévitable, & faut-il ici l'anoncer ? Ma main trace à regret cette fatale prédiction, mais elle s'accomplira promptement ſi, pour aſſurer l'exploitation des terres, l'on ne prend des meſures certaines.

Il n'en est qu'une facile & sûre, osons la proposer malgré les cris que le Commerce des Ports-de-Mer, toujours inquiet, toujours jaloux, ne manquerait pas de jeter si elle était adoptée. Mais nous avons plus d'une preuve que ce Commerce est à bien des égards comme un enfant qu'il faut contrarier pour son bien. Exposons donc le remède sans crainte; sans doute, il est extrême, mais la maladie est mortelle, & je regarderais comme un crime de ne proposer en ce moment que de vains palliatifs.

La Martinique a plus que jamais besoin de Nègres, c'est un fait, elle n'a pas d'argent pour en achetter, c'en est un autre. Mais elle a des denrées que l'Étranger offre de lui prendre en échange des Noirs qu'il peut lui fournir. Que les barières tombent donc; que les loix prohibitives s'abrogent; que ces denrées, si strictement dévolues au Commerce de France, circulent librement jusqu'à l'Étranger pour se procurer les moyens d'en faire reproduire d'autres.

Je sais très-bien que l'avantage qu'un

Royaume trouve dans ses Colonies est celui d'entretenir un Commerce florissant ; que, par conséquent, s'il laisse écouler chez ses rivaux les productions de ses Isles, c'est en partager avec eux la propriété ; mais lorsque la crise est violente, lorsque l'on court risque de tout perdre, ne vaut-il pas mieux accéder à un partage momentané ? Et, pour me servir d'une comparaison qui a peut-être plus d'un raport avec l'objet que nous traitons, le loup le plus vorace ne préférerait-il pas se repaître d'un mouton bien gras, bien nourri, dût-il en céder une pate à quelqu'autre animal carnacier, plutôt que de ronger tout seul les os de quelque brébis décharnée, morte de langueur ?

D'AILLEURS, le tort que ma proposition semble faire au Commerce de France, le vide qu'elle paraît occasionner dans les objets de ses opérations, serait nécessairement borné au tems de l'admission des étrangers : tems qu'on pourrait limiter à six ou sept années d'abord ; & ce sacrifice fait à propos assurerait au Commerce de la Métropole des réproductions capables de le dédommager bien avantageusement par la suite.

On ne manque pas d'objecter à cette proposition, déjà faite tant de fois, que si l'on ouvrait la porte aux denrées nécessaires à acquitter les Nègres introduits par le Commerce étranger, le reste des denrées de la Colonie, sous ce prétexte, passeraient bientôt par ce canal, & les Vaisseaux Français ne trouveraient plus de quoi se charger en retour.

Je réponds qu'outre que le peu de numéraire des Colonies Anglaises empêcheraient ce mal, il est mille manières de le prévenir. En voici une qui me semble facile, & qui explique le plan sur lequel je conçois cette opération à faire avec l'Étranger.

Le Gouvernement de la Martinique accorderait à tels ou tels Négocians des différens Ports principaux de cette Isle, la permission d'y faire entrer tant de Nègres depuis tel mois jusqu'à tel autre. L'époque serait aisée à fixer par le tems de la traite même. Le Négociant à l'arrivée de chaque parti de Nègres serait tenu d'en communiquer la facture au Gouvernement qui lui expédierait une permission de verser chez l'Étranger la quantité de denrées néceſſaires au payement, & ce ſerait les bateaux munis de cette permiſſion qui pourraient ſeuls prendre cette route, après avoir acquitté les droits Domaniaux & ſubi une viſite rigoureuſe pour prévenir les fraudes. Lorſque la dette & le payement ſeraient en équilibre, plus de permiſſion juſqu'à l'achat d'un nouveau parti de Nègres. (*)

C'est dans les opérations compliquées que l'abus ſe gliſſe & ſe cache, mais celle-ci eſt trop ſimple pour avoir rien à craindre de ſemblable. La plus légère attention des Chefs en ferait recueillir les avantages ſans danger. La contrebande que tous leurs ſoins ne peuvent entiérement empêcher, ſe trouverait même détruite par ce moyen ; le bénéfice qu'elle fait eſt le ſeul motif qui l'engage à courir

---

(*) Ce que l'on propoſe ici pour les Nègres pourrait s'étendre aux fournitures de morue que le revendeur Négrier pourrait acheter à l'Entrepôt étranger. Même aux fournitures de farine, &c. dans les momens de diſette. Il eſt à remarquer que par ce plan, j'éloignerais abſolument le Pavillon Anglais des côtes Françaiſes, voulant que ce Commerce fût toujours fait par des bateaux expédiés de la Martinique.

des rifques, & ce bénéfice ne fe trouverait plus affez fort, parce que les denrées Françaifes étant aportées en plus grande quantité au marché Anglais, n'y obtiendraient plus néceffairement la même faveur, quoique cependant leur prix ferait toujours plus haut que dans la Colonie même. Les verfemens frauduleux, qui ne fervent qu'au bien de quelques particuliers, feraient donc changés en tranfports légitimes, confacrés à des échanges utiles, qui ranimeraient par-tout l'Agriculture, & féconderaient encore le fein de tant de champs abandonnés.

Un autre avantage qui réfulterait du paiement des Nègres en denrées chez l'Étranger, c'eft que la vente intérieure dans la Colonie en ferait plus sûre & plus prompte. L'Habitant payerait plus exactement n'ayant pas le prétexte de réalifer en argent, raifon qui a fouvent caufé bien de délais pour fatisfaire aux échéances & produit bien des non-valeurs : dans ce nouveau plan, comme on fait le tems de la fabrication des denrées, on en exigerait la livraifon dans l'inftant, & le refus dénoterait la mauvaife foi, ou l'impuiffance.

Il est peu de loix, il n'en est peut-être pas, qui soient également bonnes par-tout & en tous tems : s'il en existe, ce ne sont certainement pas celles qu'ont dictées les spéculations d'un Commerce trop variable par sa nature pour rien établir de constament avantageux.

Le Commerce étranger est un *monstre* qu'on a toujours représenté comme attaquant à la fois les droits du Prince, & les intérêts de la Métropole, on a tenté toutes sortes d'efforts pour l'enchaîner, sans faire attention qu'il en coûtait plus à le contenir, que sa liberté n'eût causé de domages. Mais sans vouloir encore, pour ce moment, entrer dans aucune discussion, je renvoie à un autre tems l'examen des principes qui le font si généralement proscrire, & je soutiens que même en les admettant pour tous autres objets, celui des Nègres demande une exception. Il est d'une nécessité urgente ; qui le disputera ? Tout autre considération doit être subordonnée à celle-là. Il faut des Nègres à la Martinique, il en faut. Son existence en dépend. Chefs, Conseils, Députés, si vous vous occupez de ses

ſes intérêts ; demandez-en pour elle, & ne vous laſſez pas. Comparez les recenſemens, compulſez les Regiſtres de ſes Bureaux, ils atteſtent la diminution, graduée d'une manière effrayante, de ſes productions & de ſes Nègres.

N'EST-IL donc pas tems de s'allarmer ? Verra-t-on cette ruine prohaine ſans y chercher un remède ; &, le remède trouvé, faudra-t-il le rejeter parce qu'il contrarie d'anciennes notions ? Eh bien ! Commerçant des Ports-de-Mer, quoique tes vues bornées t'aient ſouvent conduit à des erreurs funeſtes, conſerve donc, puiſque tu le veux, tes principes excluſifs ; crie, plains-toi, dis que ſi le projet qu'on vient de propoſer était admis, tes vaiſſeaux s'en retourneraient à moitié vides ; dis-le, répéte-le ; nous ſavons que tu n'y manqueras pas : mais bientôt, toi-même victime de tes fauſſes ſpéculations, tu t'apercevras d'un vide bien plus grand que celui qu'on t'aurait accaſionné momentanément, & il ſera irréparable. Encore vingt ans, paix ou guerre, toutes les habitations ſe trouveront ſans cultivateurs, ſi les recrues ceſſent : car on ne peut se dissimuler que chez l'Esclave les ressources de la population sont presque nulles ; la mort lève sur cette espèce entourée de tant de maux un tribut deux fois plus fort que celui des naissances. Que feras-tu alors, Commerçant peu prévoyant ? Tu te feras ruiné toi-même, tes erreurs retomberont sur toi, tu auras fait comme un Maître avare & dur, qui continuerait à tirer de faibles services d'un Esclave exténué, & préférerait le conduire promptement au tombeau, en le forçant toujours à travailler, plutôt que de lui avoir accordé quelques jours de repos & de liberté, pendant lesquels ce malheureux aurait fait couler dans ses veines une nouvelle ardeur, & ses bras eussent acquis de nouvelles forces qui l'auraient mis en état d'enrichir son Maître, dans la suite, par un travail assidu.

En admettant l'introduction des Noirs à la Martinique, de quelque part qu'ils vinssent, ce projet aurait peut-être encore besoin d'une clause sans laquelle il n'en résulterait qu'une apparence de bien pour la Colonie. Ce serait qu'aucun Nègre ne fût livré à l'Habitant qu'il ne le payât comptant. Dès lors exempt de la crainte de se voir poursuivi pour le payement d'un effet qui, loin de lui tourner à compte, serait peut-être péri à l'échéance de l'obligation qu'il avait contractée pour se le procurer, il ne risquerait plus en voulant renforcer son atelier sans trop consulter ses moyens, de se voir obligé, comme il arrive tous les jours, de vendre la meilleure partie de ce même attélier pour payer la nouvelle acquisition qu'il avait faite, & que la mort est venue lui enlever avant qu'il lui eût rien produit.

Cette proposition de faire payer le Nègre au comptant est, sans doute, bien différente de celle qui suposait que la Colonie ne pouvait se rétablir à moins d'obtenir de la Métropole de longs crédits. L'exemple de la Dominique, de la Grenade même, prouve assez le danger de ces crédits qui, sous prétexte d'un soulagement momentané conduisent rapidement à sa chûte le calculateur imprudent qui s'y livre. Tels sont ces remèdes pernicieux apliqués extérieurement sur une partie souffrante du corps humain où s'est faite l'éruption de l'humeur maligne qui le travaille ; ils guériſſent ſuperſiciellement l'ulcère, mais l'intérieur reſte toujours mortellement affecté, & le remède lui-même devient un nouveau ſtimulant à l'acreté du mal qui le conſume.

En effet, le flambeau de l'expérience jette un grand jour ſur la queſtion, ſi les Colonies peuvent ſe rétablir par les crédits ? Obſervons d'abord qu'on en ignorait juſqu'au nom dans les premiers tems qui les virent ſe former, s'accroître, & briller ; ils ont pris naiſſance dans les jours de leur déclin, & ce déclin n'en eſt devenu que plus rapide. Ils ont, en outre, le danger de confondre également les vains deſirs du luxe, & les demandes du beſoin. Un crédit ouvert chez un Commiſſionnaire que l'appât d'une belle récolte prochaine tient comme enchaîné, & à qui il ne permet pas de hazarder le moindre refus, s'employe inſenſiblement non à payer des dettes, ou à ſe procurer de nouveaux moyens de féconder le ſein de la terre, mais à ſatisfaire mille fantaiſies, qu'ingénieux à ſe tromper ſoi-même, on prend toujours pour des beſoins réels.

COMBIEN de précipices ainsi ouverts sous les pieds de nombre d'Habitans qui s'y sont indiscretement jetés, &, après s'être agités long-tems dans le cercle gênant de leurs affaires embarassées, se trouvent enfin réduits à la nécessité de vendre des biens qui les ont rendus pauvres au milieu des richesses, sans qu'il leur reste désormais autre chose que la surprise d'avoir absorbé des revenus considérables.

ÉLOIGNONS donc à jamais des Colons ces ressources trompeuses offertes au malheureux par l'avidité, plutôt en vûe de s'emparer de ses dépouilles que dans le dessein de le secourir. Disons au cultivateur obéré, répétons-lui sans cesse avec ce zèle qu'inspire l'amour de l'ordre & de la vérité. „ Tremblez, vous qui avez une famille, tremblez „ lorsque vous contractez quelqu'engagement „ d'en avoir signé la ruine. Vous achetez „ & vous comptez payer des fruits d'une „ récolte prochaine! mais l'événement désastreux vous menace! n'entendez-vous „ pas soufler ce vent furieux? Voyez-vous „ le feu allumé dans cette pièce de cannes?

„ Comment cueillir ces cafés qui tombent, „ ou passer au moulin ces cannes déjà trop „ mûres, au milieu de la mortalité qu'une „ épidémie, ou la méchanceté d'un ennemi „ secret, a répandue dans votre atelier. Ce- „ pendant le tems inexorable vient d'amener „ dans sa course le terme fatal de vos obli- „ gations. Des ordres supérieurs, au gré de „ votre créancier protégé, devancent la mar- „ che lente de la justice : comment payer? „ Il faut vendre les seuls effets qui, dans „ les Colonies, produisent de l'argent comp- „ tant : Nègres & bestiaux sont aliénés, & „ cette habitation auparavant brillante, tombe „ sans valeur faute de culture, & ne va plus „ offrir à vos héritiers misérables qu'un champ „ dévasté ; heureux encore si quelqu'autre „ mauvaise spéculation ne vient pas leur en- „ lever jusqu'au sol."

Voila le tableau qu'un habitant devrait toujours avoir devant les yeux pour lui aprendre à se borner au possible actuel, sans anticiper sur des revenus incertains dont le *deficit* lui porte un coup terrible, qu'il aurait à peine senti, s'ils n'eussent pas été témérairement engagés d'avance.

Mais, pourrait-on me dire, qu'importe à l'État le mal-aise de quelques individus, & le changement de Maître sur une habitation, pourvu que le défriché soit fait, & qu'il y ait de nouvelles plantations ? Qu'importe qui sera la récolte, pourvu qu'on ait semé ?

C'est d'une Maison quelconque qu'on peut dire qu'il est absolument égal à la chose publique quel en est le propriétaire, pourvu qu'elle soit bâtie & occupée ; mais la mutation fréquente des Maîtres sur un habitation, est sujette à mille accidens qui finissent par en consomer la ruine ; les plantations ne sont plus suivies dans le même ordre d'agriculture ; les Nègres ne sont plus maintenus par la même discipline : en changeant de joug ils veulent essayer les mains qui le leur imposent, & ils espèrent toujours les lasser avant qu'elles soient parvenues à l'asseoir avec fermeté. De-là une multitude de désordres que tous ceux qui ont fréquenté les Colonies connaissent trop bien, pour qu'il soit nécessaire de les décrire ici. Ensorte que l'on a vu plus d'une fois les anciennes plantations devenir incultes à cause des nouveaux défrichés témérairement entrepris, & des habitations culbutées rapidement, parce que les travaux à faire étaient devenus au dessus des forces exploitantes.

Le non-usage du crédit, à la Martinique, non-seulement pour l'achat des Nègres, mais encore pour tous les autres objets, y procurerait encore un grand avantage, en fermant une des sources de son dépérissement. Le luxe, cet ennemi dangereux, caché sous des dehors séduisans, qui sait si bien solliciter nos goûts & flatter nos penchans, ne pourrait plus s'étendre au delà des moyens de celui qu'il tenterait envain, puisqu'il ne pourrait plus être satisfait que l'or à la main. Dès-lors la consomation reprendrait la balance naturelle, dont elle n'a pu sortir qu'aux dépens même du Commerce. Car c'est à faux que l'on a prétendu que le luxe étant un débouché pour l'industrie de la Métropole, il devoit être entretenu avec soin dans les Colonies : oui, peut-être, dans les Colonies riches & puissantes qui ne sont pas dégénérées, (& encore, j'espère prouver ailleurs que les intentions du luxe, même à Saint-Domingue, sont toutes au détriment de l'intention première, & de l'utilité effentielle des Colonies) mais dans celles où tout eft forcé, où la nourriture du Maître & de fes efclaves, la réparation des pertes, l'entretien des Manufactures peuvent à peine être payées par le produit des denrées, que reftera-t-il pour ce luxe, & que peut-il rendre au Commerce de France? des dettes: c'eft auffi ce que l'on voit tous les jours.

En propofant à la Colonie de ne pas contracter de nouvelles dettes, il faut auffi lui propofer le moyen de fe libérer des anciennes. Mais à qui doit-elle? Eft-ce au dehors, eft-ce au dedans? Les loix févères établies en faveur du Commerce de France, & fuivies affez exactement, font que, très-peu engagée envers la Métropole, elle ne lui doit pas deux millions. Mais plus de vingt-cinq millions font dus chez elle, par elle, à elle-même. C'eft cette maffe qui l'occupe, la fatigue, la tourmente, imprime à fa circulation intérieure un mouvement embaraffé, & prefqu'inutilement, car elle ne fe libère pas, ni ne faurait prétendre à fe libérer.

Ces dettes font, ou des avances faites par des Commiffaires depuis trente ans & plus, qui ſont encore réduits à joindre, chaque année, l'intérêt au capital, ſans preſque rien retirer de l'un ni de l'autre que de vaines eſpérances; ou bien, & c'en eſt la majeure partie, ces dettes ſont la ſuite inévitable de la manière dont on procède dans les ſucceſſions, un ſeul héritier ſe chargeant ordinairement, pour éviter le partage des biens, de payer de ſes revenus les trois quarts, ou même les ſept huitièmes, de ſa valeur ſuivant le nombre des co-partageans, dans un eſpace de tems convenu : ſpéculations vaines, calculs démentis ſouvent dès la première année; mille cauſes le font manquer à ſes engagemens : delà cette foule d'hypothèques, de droits point liquidés : delà le poſſeſſeur aparent d'un bien n'en eſt que le Fermier mal à ſon aiſe, tremblant toujours d'être dépoſſédé, n'oſant, ne pouvant rien faire pour l'amélioration, n'étant point encore, perdant même l'eſpoir d'être jamais Propriétaire aſſuré & tranquille.

Voila le vice ſecret qui mine ſourdement cette Colonie, & l'empêchera toujours de ſe relever juſqu'à ce qu'il ſoit extirpé. Mais quelle main adroite pourra prétendre en arracher les racines sans courir risque de porter un coup trop sensible à l'existence même de la Colonie, sans y jeter tout dans la plus dangéreuse confusion, enfin sans occasionner plus de murmures que d'aplaudissemens? Comment débrouiller ce cahos de mauvaises affaires, & tirer l'Habitant de ce labyrinthe dans lequel il vit & meurt embarassé?

SUSPENDRE pour un certain tems le payement des dettes antérieures à une certaine époque, ou les abolir tout-à-fait comme l'ancienne Rome en a donné l'exemple dans les positions critiques? Mais que deviendraient pendant cet *intérim* ceux qui n'ont pour vivre que ce que leur importunité, armée de contrats & de sentences, peut arracher de tems en tems aux détenteurs des habitations sur lesquelles sont établies leurs reprises? D'ailleurs, quelle est donc la situation d'un Pays qui, pour se sauver du naufrage, est réduit à faire des loix contre la bonne foi publique, & qui pourrait jamais autoriser à violer ainsi les titres de la propriété du Citoyen?

ADMETTRE la saisie réelle? Peut-être, en

effet, qu'après un bouleversement général elle ferait renaître l'ordre & la paix. Mais outre les inconvéniens connus qu'elle entraîne, où prendre des Capitalistes assez forts pour payer comptant le prix de leurs acquisitions ? Et si vous leur donniez la facilité de payer des dettes anciennes par de nouveaux engagemens, vous n'auriez dès-lors rien opéré pour le bien de la Colonie, puisqu'étant sujets aux mêmes événemens ruineux que les anciens Maîtres, les mêmes conséquences s'ensuivraient pour les nouveaux. En outre, le verre magique à travers lequel l'Habitant des Isles en général, est accoutumé de considérer sa fortune, ne permettrait jamais de ventes à ce prix modéré, & seul vrai, qui peut mettre l'acquéreur au dessus des événemens annuels.

Quel espoir reste-t-il donc à la Martinique de reprendre, non pas son premier lustre, mais du moins un état d'aisance qui la rende encore utile à la Métropole, & de se délivrer de ce fardeau de dettes sous lequel elle peut à peine respirer ? Aucun, osons-le dire, aucun, si le Gouvernement, jetant un œil compâtissant sur sa position déplorable, ne lui procure promptement la ſeule reſſource qui lui reſte, c'eſt l'établiſſement d'une eſpèce de Chambre (*) d'eſcompte & d'amortiſſement, à-peu-près telle qu'il en fut propoſé une en France pour les papiers Royaux, projet jugé alors impraticable pour ce Royaume par des conſidérations particulières qui ne ſubſiſtent pas ici, & qui peut ſeul opérer une révolution ſalutaire : expliquons-le en peu de mots (§).

Cette Chambre compoſée d'un certain nombre d'Actionnaires, ſerait autoriſée à introduire dans la Colonie, n'importe par quelle voie, trois mille Nègres par an, qu'elle vendrait, par exemple, au prix de mille livres tournois le Nègre fait, à ceux qui la payeraient en argent comptant. Elle ſerait autoriſée à rehauſſer d'un dixième ce prix pour l'acheteur qui voudrait la payer avec tout papier

(*) Je dis Chambre & non pas Caiſſe, parce que ce ſerait deux choſes très-différentes.

(§) On tient ce plan tout prêt avec ſes développemens : on ne peut ici qu'en tracer une légère eſquiſſe ; ſi l'idée prenait faveur, on ſe ferait un devoir de le communiquer.

hypothéqué sur quelque habitation que ce fût antérieur à l'Établissement de la Chambre.

On conçoit que cette Chambre aurait bientôt attiré à elle toutes les mauvaises dettes de l'Isle, & l'on demande ce qu'elle va faire de ce monceau de papiers dont elle ne pourrait exiger le payement sans tout culbuter : aussi, lui sera-t-il très-défendu de chercher à se le prouver de ceux sur qui ils portent. Mais il faudra qu'elle les rende à la circulation avec son endossement (*) qui les fera valider & leur donnera cours sans que personne puisse les refuser ; elle en achetera donc des denrées de toute espèce, & elle ne perdra qu'un vingtième sur cette seconde opération, de sorte qu'elle en aura gagné un net, pour prix de sa signature. L'Habitant, ou le Négociant redevenus possesseurs de ces papiers, ou d'autres qui les représenteraient, pour le prix des denrées qu'ils auront vendues, les rendront

(*) On sent qu'il faudrait, pour faciliter la chose, changer ces hypothèques, dont la plupart seraient de vieux contrats accompagnés d'un tas de procédures, contre des espèces de coupons de la Chambre, plus aisés à entrer dans la circulation des affaires.

encore à la Chambre, si bon leur semble pour se fournir des Nègres, ou les placeront dans le Commerce comme bon leur semblera, & ces papiers à chaque opération perdront toujours un vingtième, jusqu'à ce qu'entiérement éteints, ils aient déchargé la Colonie de leur masse prodigieuse, sans effort, & sans perte marquée de la part de ceux qui les auront possédés.

Il faudrait pour éviter tout danger que la Chambre ne pût se charger que pour deux millions de papier par an, à moins que la pratique secondant la spéculation; la circulation intérieure ne devînt extrêmement active, & ne fît tendre promptement à l'extinction; alors il lui serait loisible d'endosser un plus grand nombre de papiers. Tel est un projet dont il suffit de présenter ce faible aperçu. Je vais terminer cette longue Lettre en récapitulant les trois moyens de rétablir la Martinique. Libre abord de ses rades pour les Nègres, & conséquemment les vivres des Nègres; prix modique sur ces deux objets, dût le Gouvernement payer des primes pour l'établir; & l'extinction des dettes hypothéquées.

Quelle circonſtance plus favorable pour obtenir ces bienfaits, que celle d'un Roi vertueux & ſenſible, conſeillé par des Miniſtres éclairés qui veulent le bien? Et Vous, Guerrier célèbre, aux ſoins de qui la Martinique fut longtems confiée, en des tems difficiles & orageux, Vous qu'elle a vu pluſieurs fois revenir honorer ſes rivages de vos lauriers, dites au Miniſtre de la Marine, au Roi même, car on peut maintenant aprocher le Trône lorſque les intentions ſont pures, dites-leur „ Cette Colonie infortu-
„ née, frapée de tous les fléaux, a beſoin de
„ conſolations; il les faut grandes & promptes;
„ ſi vous voulez conſerver cette poſſeſſion,
„ jetez ſur elle un œil de pitié, regardez-la
„ comme une fille chérie qui, chaque jour,
„ dépérit conſumée par une langueur ſecrette
„ que vous ſeuls pouvez guérir; ſi vous dai-
„ gnez lui donner les ſecours que ſon état
„ exige, elle peut encore, en recouvrant les
„ jours brillans de ſa première ſanté, vous
„ payer avec uſure de vos ſoins paternels."

LETTRE

LETTRE IV.

MONSIEUR,

Tous les besoins de la Martinique sont précisément ceux de la Guadeloupe, de Sainte-Lucie, & des autres Isles du Vent ; par-tout en les parcourant j'ai entendu demander des Nègres, & des vivres pour eux ; par-tout j'ai vu des cultures susceptibles d'être étendues, & des terreins abandonnés, faute de bras ; par-tout j'ai entendu des plaintes contre le Commerce de France, qui laissait ces Colonies dans un dénuement total de Nègres, & rien sans doute ne prouve mieux le besoin dans lequel elles sont de ces objets, que cette réclamation générale & constante, apuyée sur l'état des fournitures faites depuis vingt ans par le Commerce de France, aux Colonies des Isles du Vent ; elles possèdent ensemble environ deux cens mille Nègres, qui même en n'estimant les pertes annuelles que sur le pied du vingtième des individus, donnent deux cens mille Nègres morts pendant ces vingt années. Et les importations du Commerce de

France n'ont monté pendant ce tems qu'à dix-sept mille têtes de Noirs : les naissances dans aucune des Colonies, indépendamment des fléaux, des épidémies, & de tous accidens destructeurs, ne vont jamais à la moitié des pertes chaque année ; que seraient donc devenues ces Colonies, si le Commerce interlope n'y avait jeté continuellement des Nègres ?

Il serait superflu d'entrer dans un plus long détail au sujet des Isles du Vent, passons tout de suite à ce qui concerne Saint-Domingue, c'est là que les Armateurs qui font la traite des Nègres envoyent toutes leurs cargaisons. C'est cette immense Colonie qui fait principalement l'objet de toutes leurs spéculations en tout genre.

Dire que Saint-Domingue est la plus riche Province de l'Empire Français, c'est un fait que l'état de ses productions annuelles, maintenant très connu, prouve sans replique. Fournir aux consomations de l'intérieur du Royaume pour cinquante-cinq millions, & donner une surabondance de denrées, telle qu'en passant à l'étranger, elle fasse entrer annuellement dans la balance du Commerce de la Métropole une somme de plus de soixante-quinze millions, telle est l'importance des Colonies Françaises, tel est leur précieux résultat. Saint-Domingue entre seul pour les trois quarts dans la masse de ces immenses productions, & Saint-Domingue pourait aisément augmenter ses cultures de plus d'un tiers, peut-être même pourait-on dire de moitié. Car ce n'est pas seulement par de nouveaux défrichés, quoique la surface de son terrein susceptible d'exploitation attende encore en grande partie le cultivateur, mais c'est aussi par une culture plus soignée sur les habitations déja formées, & qui demandent des améliorations que le manque de Nègres rendent impossibles, tant que l'on ne prendra pas des mesures efficaces pour subvenir à la nourriture & au remplacement des ateliers.

L'ADMINISTRATION pénétrée enfin de ces grandes vérités, a cru devoir profiter du rétablissement de la paix pour faire quelques changemens à un régime prohibitif qui n'avait cessé d'exciter des réclamations, & que les raisonnemens les plus simples & les plus clairs, joints à une ruineuse expérience, condamnaient hautement. L'Artêt du Conseil d'État, du 30 Août 1784, reconnaissant l'insuffisance des Ports d'entrepôt, établis l'un à Sainte-Lucie, l'autre au Môle Saint-Nicolas, pour Saint-Domingue, a suprimé ce dernier & en a ouvert trois autres, savoir, un au Cap Français, un au Port-au-Prince, un aux Cayes Saint-Louis : quant aux Isles du Vent, on a maintenu l'entrepôt du Carénage pour Sainte-Lucie : on a fixé celui de la Martinique à Saint-Pierre, celui de la Guadeloupe à la Pointe à Pitre, & celui de Tabago à Scarborough. On n'a rien changé pour Cayenne & la Guyanne Française, à ce qu'il fut fixé antérieurement, par un autre Arrêt du 15 Mai de la même année 1784, pour la liberté générale du Commerce dans ladite Colonie.

L'Arrêt du 30 Août ne fut rendu qu'après une discussion très-longue, dans laquelle tous les Membres du Conseil d'État furent entendus. Cette discussion tint plus de sept séances, & les intérêts du Commerce de la Nation y furent développés dans le plus grand détail.

A la lecture de cet Arrêt les Négocians des Ports-de-Mer se sont élevés avec fureur, & ils ont envoyé des Députés pour faire des représentations sur ce qu'ils appellent leurs droits, qu'ils prétendent enfreints par cet Arrêt.

Ces Députés ont distribué dans la Capitale une quantité innombrable de différens Mémoires qui se ressemblent tous quant aux moyens & aux injures, qu'ils prodiguent avec assez d'indécence aux Propriétaires des terres dans les Colonies.

Dans le même tems que ces Négocians députaient à Paris les Orateurs de leurs Corporations, d'autres Émissaires volaient vers le Parlement & les États de leurs Provinces, pour les soulever & les engager dans leur querelle, & l'on a vu avec étonnement que des Magistrats qui, comme Propriétaires de terre dans l'intérieur du Royaume, auraient, sans doute, aussi beaucoup de plaintes à faire contre le Monopole des Négocians des Ports-de-Mer, entraînés par leurs clameurs, & d'autant plus aisés à se tromper dans l'objet en question, qu'il n'est pas du ressort de ceux ſoumis à leur expérience, s'étaient rendus les échos des plaintes de la cupidité & de l'ardent égoïſme de ces Négocians.

Une des plus grandes queſtions d'État, une des plus importantes, peut-être, pour le bonheur de l'humanité, eſt celle qui ſe préſente. Il s'agit ici de Loix prohibitives contre leſquelles, les bons, les meilleurs Eſprits de la Nation ſe ſont élevés avec force depuis vingt ans, & qu'ils ont attaquées par des principes & des raiſons que leurs adverſaires ne détruiront jamais.

Je me garderai de prononcer ici d'une manière déterminée ſur les Loix prohibitives en général, mais ce que je ſais, c'eſt qu'elles ſont odieuſes par-tout, & produiſent de grands maux dans pluſieurs cas. Si, cependant, un État était apauvri par l'importation des Marchandiſes de luxe, ou dont il ſerait phyſiquement poſſible de ſe paſſer, les Loix prohibitives pourraient alors être utiles, encore ne ſerait-ce que dans le cas où les denrées du Pays ne ſuffiraient pas à l'échange de ces objets de luxe, & où l'on ſerait forcé de donner un retour en numéraire pour le solder, ce qui souffrirait peut-être encore quelques distinctions.

Si les Loix prohibitives portaient, au contraire, sur les premiers besoins de la vie, sur les alimens de première nécessité, sur des Bois pour la construction des Maisons, & des Édifices propres aux Manufactures, & à l'exploitation; si ces loix avaient depuis soixante ans donné la mort à plus de quinze cens mille créatures humaines; si la pratique de ces Loix avait démontré que leur observation stricte allait contre le but qu'on s'était proposé en les faisant; si elles avaient détruit la Culture & les Cultivateurs; si l'infraction secrète, mais constante, à ces Loix, les avait seule soutenus depuis leur établissement; si l'État qui en avait imposé le joug à quelques-unes de ses Provinces, se trouvait séparé par un trajet de Mer de quinze cens lieues de ces Provinces; si cet État était exposé à des risques, à des guerres presque continuelles qui l'empêcheraient souvent de porter des secours à ces Provinces; si, même en tems de paix, les secours ne pourraient, dans le cas d'une famine imprévue parvenir à ces Provinces que plus de six mois après leurs demandes; si l'État ne produisant ni riz, ni salaisons, ni bois de charpente, était toujours forcé de les tirer de l'Étranger, même de ses ennemis, à des prix exorbitans & avec des frais immenses, ne sera-t-on pas forcé de convenir que ces Loix ont été non-seulement inconséquente, ridicules, mais encore inhumaines? Ne sera-t-on pas forcé de convenir aussi que les provocateurs de ces Loix, leurs soutiens, leurs défenseurs, seraient également inconséquens, ridicules, inhumains?

Le premier Code des loix prohibitives qui ait été fait en France, je ne dirai pas *pour* comme ces Messieurs des Ports-de-Mer, je dirai, & avec justesse d'expression, *contre* les Colonies, est de 1727. Avant cette époque les Anglais & les Hollandais qui avaient, comme ils ont toujours eu, plus d'intelligence en fait de Commerce, plus de richesses, plus d'économie, & plus de moyens que nos Marchands, y aportaient des Esclaves, & tout ce qui était nécessaire en tout genre. Il est prouvé que c'est avec ces premiers moyens que la Culture des Colonies s'est établie. Ainsi les Négocians ne disent point une vérité lorsqu'ils avancent dans tous leurs écrits que ce sont eux seuls qui ont établi nos Colonies, & qui ont fait les avances des premiers moyens à leurs Cultivateurs. Leurs déclamations, à cet égard, comme à tous autres, les reproches qu'ils osent faire aux Colonies pour leurs prétendus services, tombent donc à faux, & portent sur une pure invention de faits. Nous avons, de nos jours, dans la Colonie de Cayenne, qu'on a été forcé d'abandonner au Commerce étranger, & dans l'état languissant de celle de Sainte-Lucie, un exemple frapant combien ils sont peu capables, non-seulement d'établir des Colonies, mais même d'entretenir celles qui ont des commencemens de culture & d'existence.

On peut assurer sans trop de témérité, qu'à cette époque de 1727, les lumières sur l'Administration des Colonies étaient à peine à leur aurore, ou pour mieux dire, qu'elles furent dès-lors entourées d'un nuage épais que l'intérêt des particuliers avait formé, & qu'il eut soin d'entretenir. D'un autre côté l'utilité de ces établissemens était mise en problême par des gens qui se prétendaient éclairés. La Nation, en général, les regardait avec une indifférence qui eut malheureusement la plus grande influence dans la rédaction des Loix prohibitives.

Dans la confusion d'idées & de principes où l'on était alors, sur ces matières, il parut donc plus expédient d'imiter fidélement ceux des Anglais que d'en créer d'analogues à notre position. Mais ce que l'on oublia de prendre de cette Nation, ce qui ne put pas même entrer dans les idées qu'on dut se former alors sur les Colonies, ce fut *cette tendre sollicitude pour les Colons*, qui, dès l'origine des établissemens Anglais d'Outre-Mer, n'a cessé d'être la base de leurs maximes de Gouvernement & de Politique.

Les Anglais, dans leurs idées de Commerce & de Navigation, avaient envisagé le Colon comme le premier Agent, & la France dans les siennes n'envisagea que le Commerçant. Aussi ces Commerçans n'oublièrent rien de ce qui pouvait favoriser leur condition,

& l'autorité des Loix Anglaises les servit merveilleusement.

Nous avions alors le Canada & le Missisipi. Les Négocians firent envisager au Ministère que ces deux Colonies pouvaient remplir vis-à-vis de nos Isles à sucre le même office que la Nouvelle-Angleterre remplissait vis-à-vis des Isles à sucre de la Métropole Brittannique. C'était par ces deux Colonies, selon eux, que les Antilles & Saint-Domingue devaient être fournies de riz, de salaisons & de bois de toute espèce. C'était par le Canada & le Mississipi qu'elles devaient trouver le débouché de leurs sirops & de leurs tassias. Tout fut promis au Ministère par les Négocians (car des Négocians promettent tout ce qu'on veut) & tout leur fut accordé. Il paraît même que l'éloignement des positions géographiques, les difficultés, les longueurs & les dangers de la Navigation du Fleuve Saint-Laurent, & de celui du Mississipi n'entrèrent pour rien dans les considérations qui dictèrent ces Loix prohibitives. On ne consulta pas même la population & la culture du Canada & du Mississipi qui étaient naissantes;

on ne vit pas, ou plutôt on empêcha de voir que ces Colonies, qui ont été dans un état de guerre continuel, ſoit contre les Anglais, ſoit contre les naturels du Païs, pouvant à peine ſubſiſter de leurs propres récoltes, il leur était impoſſible d'être d'aucune utilité à nos poſſeſſions des Antilles. Et parce qu'elles tenaient au continent de la Nouvelle-Angleterre, qui était dès-lors à un point de culture & de population capable de fournir à dix Colonies, on crut bonnement que les Isles à ſucre Françaiſes en tireraient les mêmes avantages, c'eſt ainſi que pendant long-tems on a raiſonné en France en matières de Colonies & de Commerce.

Ce ſerait peut-être ici le lieu d'examiner ſi la Grande-Bretagne a tiré effectivement autant d'avantage de ſes Loix prohibitives qu'on le croit communément : nombre d'Obſervateurs éclairés ſont aujourd'hui perſuadés du contraire, & la perte de la Nouvelle-Angleterre pourrait donner la ſolution de ce problême, dont l'examen me mènerait trop loin de mon ſujet. Mais ce que l'on doit examiner ici, ce ſont les réſultats de ces Loix prohibitives pour leurs Colonies à ſucre. Je paſſerai enſuite à quelques détails ſur celles que nous avons faites à l'imitation des Anglais, & ſur les événemens qui en ſont réſultés.

Pour parvenir à une connaiſſance exacte de ces matières, il convient de jeter d'abord les yeux ſur les Cartes, d'y examiner la poſition géographique de la Nouvelle-Angleterre. & celle des Antilles; il convient auſſi de s'inſtruire de la facilité & de la briéveté de la Navigation dans cette partie du globe, & l'on concevra d'un coup-d'œil tous les avantages que les Colonies à ſucre des Anglais ont tirés de la Nouvelle-Angleterre, non-ſeulement en tems de paix, mais même en tems de guerre; ſoit pour la nourriture de leurs Eſclaves, ſoit pour l'entretien & la conſtruction des bâtimens de leurs Manufactures, ſoit pour le débouché de leurs ſirops & de leurs taſſias qu'ils appellent *Rum*.

Ces fortunées Iſles Anglaiſes avaient par la Georgie & la Caroline le riz à 15 & 18 liv. le quintal, lorſque dans les Colonirs Françaiſes le peu qu'on pouvait y en acheter ſe vendait 60 & 80 liv. même en tems de paix. Elles avaient, par toutes les Provinces qui bordent la Mer depuis Philadelphie jusqu'à Boston, les plus belles farines à 30 liv. le baril, lorsqu'en tems de paix même le prix commun des nôtres était de 90 à 100 liv. elles avaient pour la nourriture de leurs Esclaves, en tout tems, paix ou guerre, la plus belle morue, la plus fraîche & la plus saine à 15 & 20 liv. le quintal, lorsque les Isles Françaises la payaient au Commerce de France jusqu'à 90 & même 100 liv. Et que l'on fasse attention que cette morue Française avait subi avant de leur parvenir plus de six mois de séjour dans des calles chaudes, où l'air est toujours mal-sain & méphitique, & que conséquemment elle était corrompue, & aportait aux Esclaves des Colonies Françaises les germes de toutes les maladies & la destruction.

Les Isles Anglaises avaient par la Nouvelle-Angleterre les meilleurs bois pour leurs bâtimens à un prix si modéré qu'il était toujours au dessous de celui que les mauvais bois du Nord de l'Europe, qui se corrompent au bout de quatre ou cinq ans dans nos

Colonies, coûtent dans les Ports du Nord où ils se vendent le moins cher : de manière que des établissemens qui coûtaient quatre à cinq cens mille livres à un Propriétaire de nos Colonies, ne revenaient qu'à cent mille livres au Propriétaire des Isles Anglaises.

C'ÉTAIT sur-tout par la Nouvelle-Angleterre que les Habitans des Isles Anglaises obtenaient de leurs sirops amers un débouché qui donnait à leurs Manufactures & à leurs Cultures des avantages, & des moyens d'augmentation qui paraîtraient incroyables à ceux qui ont vu pendant plus de quarante années les trois quarts des Habitans Français jeter les leurs dans les Savanues, & aimer mieux les perdre que d'en faire les charrois pour n'en obtenir aucun prix. C'était lorsque l'Habitant Français jetait les siens que l'Habitant Anglais les vendait jusqu'à quatre livres les deux veltes. Et si l'on considère que les résultats en sirop peuvent être estimés le sixième des revenus d'une habitation en sucre, que d'un autre côté, la concurrence du Commerce a toujours été telle dans les Colonies Anglaises que tous les ustenciles aportés d'Europe n'y ont jamais été vendus, même en tems de guerre au-delà de quinze ou vingt pour cent ; on concevra facilement qu'avec le produit de ses seuls sirops, que le Propriétaire Français était forcé de laisser perdre, (répétons-le) le Propriétaire Anglais faisait tous ses frais d'exploitation, subvenait à la nourriture de ses Esclaves, au remplacement de ses Nègres & de ses animaux, tandis que l'Habitant Français était obligé de vendre une grande partie de ses sucres pour payer ces objets.

Il est enfin une vérité constante & dont la preuve est facile à acquérir, c'est qu'entre une habitation Française & une Anglaise, faisant chacune six cent milliers de sucre brût, il y avoit une différence de plus de soixante mille livres par an, au détriment du Propriétaire Français. Il est encore une autre vérité c'est que dans tous les tems le Propriétaire Anglais a vendu ses sucres dix & quinze pour cent de plus que le Propriétaire Français, lorsque les sucres de nos Colonies (& les Négocians en conviennent) ont une valeur intrinséque, par leur beauté, supérieure à ceux des

des Anglais. Observons cependant, & il est très-nécessaire de le faire pour prendre une idée du caractère des discours de nos Marchands en toute occasion, observons, dis-je, que nos Négocians se plaignent toujours du haut prix des sucres dans les Colonies Françaises, & prétendent qu'ils perdent dans leurs retours, comment font donc les Négocians Anglais?

Voila ce quon a toujours dissimulé au Gouvernement Français, & ce qu'on aurait dû lui montrer, pour le mieux guider dans ses Loix prohibitives: car avant d'imiter celles des Anglais, il semble qu'il eût été raisonnable de comparer la faiblesse de notre Marine Marchande avec la force de celle des Anglais; le peu d'intelligence de nos Negocians, leur peu d'économie, l'exiguité de leurs moyens avec l'activité, la sagacité, la sagesse & les fortunes énormes des Marchands Anglais; les différences de l'intérêt de l'argent en France & en Angleterre; celles du génie, des mœurs, des usages, des préjugés des deux Nations, & des formes des deux Gouvernemens. Il semble qu'il eût fallu consulter & la position politique & la population de la Nouvelle-Angleterre, & les comparer avec la position constament critique & hostile du Canada & du Mississipi. Il semble qu'il eût été nécessaire de mesurer, au moins de l'œil sur des cartes, l'étendue de notre territoire dans les Antilles, & d'en comparer ensuite la population avec celle des Colonies Anglaises à sucre. On ne se serait pas alors flaté du ridicule espoir que le Canada, où la Navigation du Fleuve Saint-Laurent n'est libre que quatre mois de l'année, & totalement interrompue les huit autres, que le Mississipi, dont les Peuples s'occupaient plus de chasse, de traite avec les sauvages & de guerre, que de cultures, pussent jamais alimenter nos Isles à sucre, & remplir vis-à-vis d'elles les mêmes fonctions que la Nouvelle-Angleterre remplissait avec surabondance vis-à-vis les Colonies Anglaises.

On eût peut-être fait des Loix prohibitives, mais on eût certainement pris des tempéramens qui, en rendant la Nouvelle-Angleterre sans intérêt, & par conséquent indifférente, dans les conquêtes de ce qu'elle appellait alors la Mère-Patrie, nous eussent probablement épargné les humiliations de la guerre de 1756. Eh ! qui peut encore ignorer que ce sont les Anglo-Américains qui ont fourni les principales forces & de terre & de mer (*) aux Anglais, dans cette guerre désastreuse ? Ne sont-ce pas eux & leurs moyens qui nous ont fait perdre le Canada, la Guadeloupe, la Martinique, la Grenade, &c. La Havane eût-elle jamais été prise sans leurs efforts ? C'est ce qu'on n'avait pas prévu en 1727, & cependant ce qu'il eût fallu prévoir. Mais voici comme l'on raisonna alors. *Les Anglais ont fait des Loix prohibitives pour leurs Colonies : ces Loix les ont fait prospérer ; donc la France pour obtenir la même prospérité n'a qu'à imiter celles de l'Angleterre.* Quelle logique ! Et cependant c'est ainsi que l'on a raisonné en France dans tous les tems en matière de Colonie & de Commerce, parce que nos Marchands, que l'on a toujours trop écoutés, ont eu intérêt que l'on raisonnât ainsi.

(*) Ils ne fournirent pas, il est vrai, les Vaisseaux de Ligne des Escadres Anglaises, mais ils fournirent une grande partie des Matelots, mais ils fournirent une partie des troupes de débarquement.

Quelque sévérité que l'on eût mise dans nos Loix prohibitives, malgré même la peine de Galères que ces Marchands avaient eu le crédit & la cruauté d'y faire insérer, il y eut dans tous les tems une contrebande qui, bravant tous les dangers, aporta des Esclaves dans les Colonies & toute espèce de provisions. Les Gouverneurs-Généraux, les Intendans, les Juges des Colonies qui voyaient mieux & de plus près que le Cabinet de Versailles, les maux qui résultaient des prohibitions, fermaient souvent les yeux sur cette contrebande. Delà ces accusations, ces plaintes, ces calomnies si souvent récidivées de nos Négocians contre ces Administrateurs; mais observons-le, & il est essentiel de le faire, les résultats de cette contrebande étaient l'accroissement de la Culture, & conséquemment du Commerce & de la Navigation.

Tant que la paix durait, les Colonies prenaient donc un accroissement de culture & de prospérité, que les Commerçans présentaient adroitement au Ministère comme l'effet de ses prohibitions, lorsqu'au contraire cette augmentation de Culture, de Commerce & de

Navigation n'était que le résultat des infractions continuellement faites aux Loix prohibitives. Mais dans les tems de guerre ce Commerce de contrebande venant à manquer, c'était alors que les Loix prohibitives exécutées dans toute leur sévérité, faisaient éprouver les plus grandes calamités dans les Colonies.

Dans les guerres de 1744 & de 1756, elles furent réduites à des extrémités & à des maux que l'on ne saurait peindre, le baril de farine qui ne contient que 170 livres pesant, fut vendu aux Isles du Vent, & dans la partie de l'Ouest & du Sud de Saint-Domingue, jusqu'à 600 livres : la barique de vin de Bordeaux dont le prix ordinaire était alors de 120 livres fut vendue 1200 livres : les sucres tombèrent à trois livres le quintal, le café à deux sols la livre, & encore n'en trouvait-on pas toujours le débouché, une paire de mauvais souliers de pacotille dont le prix d'Europe était de 40 à 50 sols, s'est vendue 1500 livres pesant de sucre brut : le prix de tous les ustenciles de Manufacture, & de tous les instrumens aratoires était dans la même proportion. J'ai vu, j'ai lu chez plusieurs Habitans ces effroyables comptes de ventes & d'achats; malheur à celui qui ne frémit pas, comme moi, en les voyant tracés ici! que dis-je? frémir! Ah! bien loin d'éprouver cette impression douloureuse, tel Négociant en lisant ces détails ne sentira d'autre chagrin que celui de n'avoir pas été le Colporteur heureux qui fit alors un gain si considérable.

Les Habitans n'ayant rien à donner à leurs Esclaves pour leur nourriture, leur permettaient d'aller travailler par-tout où ils pouvaient obtenir leur subsistance, la plus grande partie de ces malheureux ne trouvant point à s'employer, périssaient de faim, invoquant en vain la charité des Colons, qui étaient eux-mêmes fort embarassés de pourvoir à leurs propres besoins. Les Établissemens tombaient en ruine; les Bâtimens s'écroulaient faute de réparations, plus des deux tiers des Propriétaires, de ceux même qui avaient des habitations dont la valeur en tems de paix s'élèvait à des millions, étaient réduits aux seuls vivres du Pays, faute de pain, & à boire de l'eau n'ayant point les moyens d'acheter du vin.

Les Administrateurs des Colonies présentèrent, sans doute, aux différens Ministres le tableau de ces calamités. Mais les Négocians des Ports-de-Mer qui, par leurs Députés, obsédaient sans cesse ces Ministres, avaient trop d'intérêt d'écarter de leurs cœurs tout sentiment de pitié & de commisération. Les Ministres ne connaissaient pas alors ces Négocians : confondant toujours dans leurs idées & le Commerce & le Commerçant, ils croyaient que si la bonne foi était l'âme du Commerce, elle devait guider aussi celle des Commerçans, & ceux-ci niaient éfrontément tous ces malheurs qui menaient à grands pas les Colonies à leur perte. Ce fut alors qu'un de leurs Écrivains eut l'audace de consigner dans un Mémoire au Ministre, que les Habitans des Colonies se plaignaient bien à tort que le Commerçant les laissait manquer des choses les plus nécessaires à la vie, qu'ils avaient tout dans la plus grande abondance; qu'au reste leur Pays leur fournissait par profusion des alimens excellens, la Cassave, l'Igname, la Patate, &c. qu'ils avaient pour boisson *délicieuse* leurs tassias. Que l'on juge d'après celle-ci, les assertions répandues dans leurs écrits; elles ont à-peu-près toutes le même caractère d'humanité & de véracité. Pour répondre implicitement à une de leurs plus coupables insinuations, (*) il est nécessaire de remarquer ici la force & l'empire qu'ont dans les âmes des Cultivateurs Français de l'Amérique, les principes religieux d'amour de la Patrie & de dévouement, portés jusqu'à l'enthousiasme.

Ce fut dans cet état d'abandon de la France, ce fut dans ces affreuses calamités, ordonnées par des Loix prohibitives qui n'enfantaient que des malheurs & des désastres, que les Anglais vinrent se présenter devant la Guadeloupe & offrir à des corps exténués par les besoins les plus pressans, tous les secours dont un ennemi puissant regorgeait dans ses Isles. Nègres, vivres, vêtemens, débouché pour leurs sirops, abondance, richesses, douceur de Gouvernement, prospé-

(*) Celle qui tend à faire suspecter l'attachement des Colonies Françaises pour leur Métropole, qu'ils ont répétée par-tout & notamment dans le dernier Mémoire des Directeurs du Commerce de la Province de Guyenne.

rité, bonheur, tout fut offert & refusé. On vit des Cultivateurs, des pères de famille abandonner leurs possessions, les exposer aux ravages & à l'incendie dans leur absence, quitter leurs femmes, leurs enfans, & les exposer aux insultes & aux cruautés d'une soldatesque effrénée, pour se ranger sous le drapeau Français : on les vit sans souliers, sans habits, sans munitions de guerre, presque sans armes, & sans pain, aimer mieux mourir Français que d'abandonner leur Général ; on les vit tenir devant l'ennemi, trois mois entiers, dans une situation que l'on ne saurait dépeindre, & ne *permettre* que l'on capitulât que lorsque toute espérance de secours fut perdue.

La Martinique qui éprouvait les mêmes privations, les mêmes calamités, les mêmes misères depuis six ans, fit voir les mêmes généreux efforts, le même dévouement, la même énergie. On y vit trois cens pères de famille réunis à quelques Compagnies qui formaient toutes les forces de l'Isle, se faire mettre en pièces à l'attaque du Camp Anglais défendu par huit ou neuf mille hommes, &

ne se retirer qu'à la dernière extrémité. Ce n'est sans doute que dans une classe pure, ne calculant point ses intérêts à la journée, connaissant, aimant une Patrie, un Roi, telle qu'est celle des Cultivateurs, qu'on peut espérer de trouver des hommes de cette fidélité, & de ce courage. Revenons à l'exposé de la marche & des effets des Loix prohibitives.

Les désastres de la guerre de 1756 (*), pré-

(*) Il se passa des choses bien incroyables dans cette guerre de 1756. Le Roi envoya dès 1755 trois Bataillons au Canada : en 1756 il en envoya quatre autres. On prit en même tems des mesures pour faire partir avec eux les vivres qui leur étaient nécessaires pour faire campagne, & ces vivres arrivèrent sans être interceptés. Le Ministère savait donc que le Canada ne pouvait pas suffire à la subsistance de sept Bataillons. Malgré cet aprovisionement, dès la fin de la première Campagne, dès le mois de Novembre 1756, les Soldats, les Officiers, le Général même furent réduits dans le quartier d'hiver, à quatre onces de pain, & à une livre, non pas de bœuf, mais de cheval.

Mr. De Vaudreuil qui commandait alors cette Colonie, ne prit certainement pas ce parti sans en prévenir le Ministère : celui-ci n'ignorait donc point dès 1756, que le Canada, loin d'être utile aux Isles à

parés en partie par les conseils funestes de nos Négocians, nous ayant amenés à céder le Missisipi & le Canada par le traité de paix de 1762, il fallut alors pourvoir aux besoins des Isles à sucre que, contre toute vérité, l'on avait toujours cru, en France, aprovisionnées par ces deux Colonies.

La Guadeloupe se répara promptement de ses pertes, pendant qu'elle fut sous le régime Anglais, & plus de dix-huit mille Nègres qu'ils y portèrent dans ce court espace, devinrent le fondement de la splendeur où elle monta rapidement après la paix. La Martinique qui resta aussi sous ce régime pendant dix-sept mois, revit encore quelques beaux jours, mais qui furent de peu de durée. Quant à Saint-Domingue, plus de la moitié des Esclaves y avait péri pendant cette guerre mal-

---

sucre, ne pouvait pas même nourrir quatre mille hommes de plus que sa population ordinaire : Quelles réflexions cela ne donne-t-il pas lieu de faire sur le danger du crédit dont jouissaient alors des Négocians? On voyait qu'ils en imposaient à la Nation, le Ministère en était convaincu, & n'osait pas s'écarter de leurs systêmes!

heureuse. Les parties du Port-au-Prince, & celles des Cayes étaient, pour ainsi dire, sans culture; les Propriétaires étaient écrasés par les dettes immenses qu'ils avaient nécessairement contractées, puisque leurs revenus n'avaient pas suffi même pour payer le tiers de leurs frais d'exploitations. Les bâtimens étaient tous à refaire; n'ayant point été réparés à tems, faute des bois nécessaires; une grande partie des Nègres avaient succombé à la misère & à la faim, & pour comble de malheur les Négocians ne cessaient de presser la rentrée de leurs créances, & d'accabler de frais de justice ces trop infortunés Propriétaires.

Des cris s'élevèrent de tous côtés. Le désespoir était extrême. Les Administrateurs des Colonies instruisirent le Ministère de leur situation, ils fermèrent les yeux sur la contrebande, & les Isles Anglaises fournirent une quantité de Nègres très-considérable.

Le Canada & le Mississipi qui avaient servi de prétexte à la dureté des Loix prohibitives, n'existant plus pour la France, on se décida enfin à examiner, pour la première fois, avec quelque attention, ce que ces Loix pouvaient avoir de vicieux, & l'on commença à soupçonner qu'elles tendaient à détruire, ou du moins retarder, la culture des Isles à sucre.

Les différens Administrateurs des Colonies furent consultés, leurs anciens Mémoires, leurs anciennes correspondances furent mises sur le Bureau. Les Députés des différens Ports-de-Mer furent entendus, leurs Mémoires, & leurs Principes furent discutés : des esprits ardens, & dont les systêmes avaient été copiés sur ceux des Anglais, s'exercerent, & attaquerent non-seulement les choses, mais mêmes les personnes. Ils se permirent d'injurier par d'indignes libelles un homme courageux, un Citoyen des Colonies, qui le premier avait osé attaquer les Loix prohibitives par des raisons & des principes qui, cependant, devinrent plus lumineux à mesure qu'ils furent plus contrariés.

Après deux années de discussions le Conseil d'État du Roi, par un Arrêt du 29 Juillet 1767, autorisa deux Entrepôts dans nos

Colonies, & rendit neutres le Port du Carénage à Sainte-Lucie, pour les Isles du Vent, & celui du Môle Saint-Nicolas pour Saint-Domingue. Il fut permis à l'Étranger d'y aporter seulement du riz, des bois, des légumes, & des animaux vivans. L'esprit des Négocians des Ports-de-Mer dominant encore, on défendit à l'Étranger l'introduction de toutes salaisons.

Qu'on se rappelle quelles furent les clameurs des Commerçans à la lecture de cet Arrêt. Tout était perdu selon eux, leurs écrits anoncèrent à la France les plus grands malheurs. *Les champs devaient être frapés de stérilité, les Manufactures étaient perdues, les cultures anéanties, le Commerce ruiné, la Navigation détruite*. &c. leurs sublimes Orateurs se répandaient dans tous les cercles, dans toutes les sociétés. En un mot, ce fut alors comme à présent; ils n'ont pas changé de méthode, le Commerce est routinier. Leurs efforts, leurs cris furent vains : on leur conseilla Ministériellement de s'en aller dans leurs Ports, & l'on donna des ordres pour l'établissement des Entrepôts du Môle Saint-Nicolas & de Sainte-Lucie.

CEPENDANT l'expérience prouva que l'on s'était trompé sur les avantages que les Colonies semblaient devoir en retirer. Ils devinrent presque nuls, parce que les opérations étaient lentes, attendu la difficulté du Cabotage entre toutes les parties des nos Isles & les deux seuls Ports où les Entrepôts fussent permis. Les avaries fréquens, les frais d'un double transport, ceux de l'Entrepôt même tenchérissaient considérablement les objets de peu de valeur intrinsèque qu'on en pouvait tirer. *Qu'en résulta-t-il? ce qui résulte toujours du besoin éminent lorsqu'il est en contradiction avec la Loi. La contrebande continua, & les Chefs des Colonies furent encore contraints de se dissimuler des versemens que la lettre de la Loi déclarait frauduleux, mais que l'esprit de cette même Loi rendait légitimes, puisqu'ils étaient étroitement nécessaires à la conservation d'une si riche portion des Etats de Sa Majesté.*

LES plus grands inconvéniens se firent surtout dans le choix du Môle Saint-Nicolas. Le premier de tous fut une contrebande des denrées les plus précieuses de la Colonie, que, vu la position de ce Port, qui est à ſoixante lieues du Cap, & la difficulté des ſtations pour les pataches du Domaine, ſurtout dans les tems orageux des Équinoxes, il était phyſiquement impoſſible d'empêcher. Enſorte que l'on peut aſſirmer qu'il n'y avait pas un ſeul individu de ce nouvel établiſſement qui ne tendît à s'enrichir par la contrebande, & qui n'y trouvât les plus grandes facilités, parce que n'étant ſurveillés ni par les Capitaines des Bâtimens Français, ni par les Commerçans qui font directement leurs affaires avec la Métropole, ni par les grandes Cours de Juſtice, rien n'était capable de leur en impoſer. Les Caboteurs qui y portaient les ſirops & les taſſias des Habitans, y portaient auſſi ſous ce prétexte des ſucres, du café, de l'indigo. Ces Caboteurs, qui étaient des gens de toutes Nations & de toutes les couleurs, faiſaient un tort conſidérable aux Habitans des bords de la Mer. Ils ſe répandaient par toute la Côte, & achetaient pendant la nuit des denrées qui étaient volées aux Propriétaires par leurs Eſclaves; il y en eut nombre qui enlevèrent des Nègres dans leurs bateaux, & dont l'on n'entendit plus parler.

Dans

Dans le plan qui avait décidé l'établissement du Môle Saint-Nicolas, on s'était flaté que le cabotage qui en résulterait fournirait un jour, à la première guerre, une quantité de bons matelots. Dès le moment que les hostilités commencèrent entre la France & l'Angleterre, ces Caboteurs disparurent tout-à-coup; ils s'enrôlèrent en partie sur les Corsaires de nos ennemis, & firent beaucoup de mal sur les Côtes des Isles, qu'ils connaissaient parfaitement.

D'un autre côté le Ministère fut même trompé dans son intention de procurer par cette voie à un prix modéré les objets qu'il permettait, & de faire trouver au Colon la défaite de ses sirops & tassias, dont il avait senti qu'il était juste de procurer un débouché aux Propriétaires des Isles à sucre, ceux-ci en tirèrent peu d'avantages.

Il s'établit au Môle Saint-Nicolas une quantité de petits Marchands qui, pouvant se confédérer entre-eux, forçaient le Nouvel-Angleterrien, de leur donner son riz, son bois, &c. au prix qu'ils jugeaient à propos d'y mettre. Ils le forçaient en même tems d'accepter son échange en sirops & taffias auxquels ils étaient pareillement les maîtres de donner la valeur qu'il leur plaisait. Ces riz, ces bois étaient ensuite vendus aux Caboteurs dont on vient de parler. Ces Caboteurs les portaient au Cap, où de nouveaux Accapareurs leur achetaient leurs cargaisons, & les revendaient de la troisième main au Propriétaire. Les sirops éprouvaient les mêmes changemens de main. Il résultait donc de tous ces tripotages mercantiles que le riz dont l'Accapareur du Môle avait originairement donné quinze ou dix-huit livres au Marchand de la Nouvelle-Angleterre, ne parvenait cependant au Propriétaire que sur le pied de 60 à 70 livres, & que le sirop que l'Habitant avait été forcé de donner à vingt-cinq ou trente sols à l'Accapareur du Cap, acquèrait une valeur de quarante livres au Môle Saint-Nicolas. Aussi s'éleva-t-il des fortunes très-rapides en peu de tems sur ce rocher inculte; mais aux dépens de qui ces fortunes furent-elles faites, si ce n'était aux dépens du Cultivateur & de ses Esclaves?

On peut donc dire avec vérité que le Môle Saint-Nicolas a fort peu enrichi les Propriétaires, & qu'entretenant une espece d'hommes, qui, pendant la paix, recélaient le vol des Nègres, & une espèce de Matelots qui, pendant la guerre, ont servi nos ennemis, il a fait beaucoup de mal à l'État. C'est ainsi que les demi-partis, & les demi-bienfaisances peuvent quelquefois produire des effets bien oposés à l'esprit & à l'intention qui les a dictés.

Il ferait difficile d'aprécier au juste à quoi pouvait se monter la contrebande qui se faisait à cet Entrepôt non-surveillé, & dans l'impossibilité, par son local, de l'être exactement dans tous les tems. Mais ce n'est peut-être pas exagérer que de la porter à quinze ou vingt millions. Cependant, (& j'en appelle à la foi des Régistres) jamais il n'y eut plus de denrées exportées de Saint-Domingue par les Navires Français, & jamais les fortunes des Négocians des Ports-de-Mer n'ont été plus considérables & plus rapides. Et pourquoi cette augmentation de culture dans la Colonie & de profits pour les Négocians? C'est que, malgré les Loix prohibitives, les parties de l'Ouest & du Sud recevaient continuellement des Nègres par la Jamaïque, & que la culture prenait, en conséquence, un accroissement considérable; c'est que, malgré la défense d'introduire des salaisons, la Colonie recevait de la Nouvelle-Angleterre de la morue pour les Esclaves; c'est qu'elle trouvait des bois pour ses Manufactures. Ces vivres, ces bois coûtaient, à la vérité, deux cens pour cent aux Propriétaires & aux Nègres, de plus qu'ils n'auraient naturellement dû leur coûter: mais enfin, quel qu'en fut le prix, toujours avait-on des bois, du riz & de la morue.

Cependant cet état des choses étant forcé, insuffisant, & vicieux, donna lieu à des plaintes réciproques qui se renouvellèrent en 1775. Les Commerçans qui avaient tellement abandonné les Isles du Vent, quant à la fourniture des Nègres & des vivres pour les Nègres, que sans l'interlope actif de ces deux objets, la culture des Colonies eût absolument cessé faute de remplacemens de Nègres, & ce qui restait de Nègres sur les habitations eût péri faute de vivres; les Commerçans, dis-je, cherchèrent à se disculper, en allégant qu'ils n'abandonnaient les Colonies que parce qu'elles recevaient les Étrangers clandestinement. Les Colons excusaient leurs relations avec l'Étranger, par la raison que les Négocians de France les avaient abandonnés, & la Martinique rappellait la conduite barbare de ces Négocians après les désastres affreux de l'ouragan de 1766, qui désertèrent ses rivages, n'ayant plus de récoltes à en exporter, & l'eussent laissée dans l'impuissance totale de se réparer de ses pertes, si le Commerce étranger n'eût donné du pain (*) à une population de cent mille ames.

Les Négocians ne cessaient de solliciter la supression des deux Entrepôts; les Colonies

(*) Du pain, c'est le mot : les ouragans détruisent en une heure de tems tous les vivres ordinaires des Négres, tel que le manioc, les bananes : Et si M. d'Ennery n'eût pas permis l'entrée des farines de la Nouvelle-Angleterre, qui mirent les Habitans en état de sustenter leurs Négres pendant la disette affreuse qui dura dix-huit mois après l'ouragan, la Martinique, je l'affirme avec vérité, la Martinique ne serait plus qu'un désert.

au contraire demandaient qu'on leur en accordât un plus grand nombre, & dans des positions plus favorables.

On crut donc devoir s'occuper de nouveau de cette importante affaire.

Au mois de Novembre 1775, M. de Sartines manda de chaque Port, des Négocians choisis par leurs confrères. Le but de ce Ministre était de discuter avec eux, & avec les Députés des Colonies, les questions qui les séparaient, & sur lesquelles il était si intéressant pour le bien de l'État de se concilier.

Les Députés des Ports avouèrent que le Commerce de France avait presqu'entiérement abandonné la Martinique, la Guadeloupe, & la partie du Sud de Saint-Domingue. Ils avouèrent de plus que si les efforts qu'ils feraient dans le cours de dix-huit mois n'étaient pas suivis d'un plus grand succès que par le passé, il serait juste de distraire de la Loi prohibitive les Articles qu'ils se seraient trouvés hors d'état de livrer. Mais ils promirent, comme l'avaient fait les Députés leurs prédécesseurs en 1765, & comme les Négocians le promettront toujours, que le Commerce national mettrait facilement les Colonies en état de se passer de tout secours étranger.

Pour se mettre en état, dirent-ils, de réaliser leurs promesses, ils commencèrent par demander,

1°. Des facilités pour le transport & l'entrepôt des Marchandises propres au Commerce de Guinée, parmi lesquelles ils nommèrent le tabac du Brésil, & demandèrent hardiment quatre-vingt livres de gratification par tête de Noirs qui seraient introduits aux Isles du Vent.

2°. Une prime de cent sols par quintal de morue étrangère qu'ils introduiraient eux-mêmes, laquelle serait payée par les Colonies. Vingt-cinq sols, aussi, par quintal, des morues qui seraient aportées directement du lieu de la pêche, & vingt-cinq sols de plus pour celles qui le seraient des Ports de France.

3°. La liberté d'importer les sirops & tafſias dans les Ports du Royaume, & de les y mettre en entrepôt, pour être enſuite portés à l'Étranger.

Les facilités, les primes, les gratifications que demandaient ces modeſtes Députés des Ports-de-Mer, & particuliérement l'extenſion de l'Entrepôt en France au tabac de Breſil, regardant en grande partie le Miniſtre des Finances, M. de Sartines écrivit en 1776 à M. Turgot, & enſuite à M. de Clugny pour l'arrangement de ces objets. M. de Clugny trouva de très-grandes difficultés à concilier les demandes des Commerçans avec la Ferme-Générale.

Tandis que ces demandes rencontraient des obſtàcles, les choſes étaient reſtées, quant aux Colonies, dans l'état dont elles ſe plaignaient, & les deux Entrepôts exiſtaient ſeuls. J'ignore ſi le Miniſtre fut réellement alors bien convaincu de la néceſſité des Loix prohibitives; mais ce que je ſais c'eſt qu'elles firent perdre à la ſeule Colonie de Saint-Domingue plus de trente mille Nègres, préciſément en 1775 & 1776, pendant ces fameuſes conférences que le Commerce a derniérement citées avec tant de confiance. Expliquons ici avec quelque détail les causes de cette effrayante mortalité qu'essuya la dépendance du Cap dans ses atéliers de Nègres.

Depuis le mois de Septembre 1775 jusqu'au mois d'Août 1776, il ne tomba point de pluie dans cette dépendance. Le peu de vivres qu'elle produit périt presqu'en totalité. La guerre entre l'Angleterre & ses Colonies était alors très-allumée, les Anglais avaient couvert les Côtes de l'Amérique de Frégates qui prirent presque tous les Bâtimens des Anglais-Américains. Ces Peuples occupés à leur guerre de terre & de mer, & forcés d'abandonner leur Pêche & leur Navigation Marchande, ne purent plus aporter dans les Isles Françaises ni riz, ni morue.

C'était bien là le moment que les Négocians des Ports-de-Mer devaient saisir pour tripler leurs armemens pour la Pêche: c'était le moment pour eux d'épuiser le Levant, l'Italie, la Barbarie de leurs riz pour les aporter à Saint-Domingue: c'était le moment d'armer pour le Nord de l'Europe, &

d'en raporter aux Colonies ces bois que, contre toute vérité, ils supofent propres à être employés dans des climats brûlans & humides. Nous étions alors en pleine paix, point de concurrence à foutenir : ces Marchands oferont-ils dire qu'ils font venus au fecours de la Colonie ? Ils avaient bien promis, & ils prometttront encore de le faire à l'avenir. Mais l'ont-ils fait ? J'ofe le leur demander au nom du Gouvernement, de la Nation même, l'ont-ils fait ? Qu'ils répondent. Ont-ils fecouru Saint-Domingue ?

Ce fut au contraire l'année où leurs armemens parurent le moins animés, parce qu'ayant préfumé que la féchereffe avait infiniment diminué les revenus, ils craignirent de voir revenir les Vaiffeaux fans fret.

Les malheureux Efclaves du Nord de Saint-Domingue éprouvèrent donc la famine la plus affreufe. Les Dépendances du Fort-Dauphin, celle du Gros-Morne, de Jean-Rabel en furent dévaftées : la morue manquant entiérement, les Efpagnols chez lefquels règnait alors une épizootie dont il eft impoſſible que leurs hattes ſe réparent jamais, ſe mirent à ſaller & à fumer animaux morts & vivans, dont ils ſe promirent de grands profits en les aportant chez les Français. Ces viandes connues ſous le nom de *Taſſau* dans les Colonies, & dont les Nègres ſe gardent bien de manger lorſqu'ils peuvent ſe procurer des ſalaiſons de bœuf & de morue, communiquèrent aux Eſclaves le germe de la maladie dont étaient morts les beſtiaux de la partie Eſpagnole de Saint-Domingue.

Une eſpèce de peſte, nommée charbon, ſe répandit dans toutes les habitations voiſines des Eſpagnols, ou des chemins qu'ils fréquentaient, & dans celles où les Nègres avaient acheté de ce *Taſſau*. En moins de ſix ſemaines plus de quinze mille créatures humaines périrent de cette terrible maladie, qui ne s'arrêta que lorſque le Gouvernement & les Magiſtrats, ſecondés de la vigilance exacte des Habitans, unirent tous leurs efforts pour empêcher l'introduction de ce morbifère aliment.

Indépendament des pertes nombreuſes &

rapides causées par la maladie, je puis assurer que quinze mille Nègres, au moins, périrent de faim. J'observerai même que c'est à dater de cette funeste époque que le Maronage des Nègres s'est augmenté dans la dépendance du Nord à un point qui, si l'on négligeait cet objet, ferait craindre pour la sûreté de la Colonie. Tout Nègre qui n'a point à manger fuit nécessairement l'habitation de son Maître pour aller voler dans les montagnes, & c'est delà que, réunis en troupe, ces malheureux qui y ont été poussés par la faim & le désespoir, essayent par des incursions, faites même en plein jour, dans les habitations de la plaine, ce qu'ils pourront se promettre par la suite. Je le dis, je le consigne ici dans l'amertume de mon âme, les Loix prohibitives, leurs Promoteurs, leurs Panégyristes feront un jour égorger tous les Maîtres par leurs Esclaves, après avoir fait périr la moitié de ceux-ci par la famine. Prédiction terrible, mais hélas! trop vraisemblable! mon cœur saigne en la faisant, ma main tremble en la traçant : que j'en veux à ceux qui, pour les convaincre de tout le danger de leurs systêmes, l'arrachent ici à ma douleur!

LETTRE V.

MONSIEUR,

JE ne pus continuer hier le sujet que je traitais; une cruelle réflexion s'était présentée, elle absorba toutes mes idées, je quittai la plume de peur d'en trop dire, parce que j'en sentais trop; puissent les Négocians des Ports me savoir quelque gré de mon silence! Plus tranquille aujourd'hui, je reviens terminer l'analyse de leur conduite jusqu'au moment actuel.

EN 1778 la guerre éclata entre la France & l'Angleterre. Le sens, la droite raison, un ressouvenir salutaire des causes principales des désastres des guerres de 1744, & de 1756, tout enfin fit penser au Ministère que l'admission des Neutres dans les Colonies devenait indispensable pour fournir à leur subsistance, & pour les mettre en état, par un prix passable de leurs denrées, de résister à la foule de malheurs qui devaient nécessairement les environner, pendant le cours d'une guerre dont les coups les plus importans seraient frapés dans leurs parages. L'admission des Neutres fut donc résolue ; mais au bout de quinze jours les Négocians s'ameutèrent, jetèrent les haut cris, promirent tout, promirent, promirent encore! & les Ports des Colonies furent soudain refermés aux Neutres. Qu'en arriva-t-il cette fois ? Mêmes erreurs anciennes, mêmes conséquences. Toutes nos flottes Marchandes tombèrent au pouvoir des ennemis : douze mille Matelots ou périrent dans les prisons d'Angleterre, ou servirent sur les Vaisseaux.

Une valeur de plus de cent cinquante millions de denrées des Colonies fut enlevée par les Anglais ; toutes les dépenses de la guerre furent immenses dans les Colonies : tout y manqua & pour les flottes & pour les armées. Le Roi y a payé les effets que nos Marchands lui ont vendus jusqu'à quatre & cinq cents pour cent ; & l'on peut présumer que la Nation eût été flagellée & humiliée, comme dans la guerre de 1756, si les systêmes des Négocians eussent été constament suivis pendant le cours de cette dernière. Ce fut trop, beaucoup trop, des deux années qu'ils prévalurent, on vit pendant ce tems se renouveller dans les Colonies toutes les infortunes des guerres précédentes. Dans quelques endroits le baril de farine fut encore vendu 500 livres : la barique de vin 800 livres : une houe, dont le prix de France était de vingt à vingt-deux sols se vendit jusqu'à seize livres, dix sols : tous les autres ustenciles de Manufacture étaient dans la même proportion. Le prix des chaudières de fer nantais, qui cassent souvent au premier feu, était en raison de 2 à 300 livres, le quintal : & le prix originaire de cette mauvaise fonte est de douze à quinze livres : le fret dont le prix commun était de douze deniers, fut porté jusqu'à 84. On vit des Propriétaires qui pour payer ce fret en France, proposèrent d'abandonner leurs denrées après qu'elles avaient couru les risques de la mer & de l'ennemi, & qui furent obligés de payer des sommes considérables pour solder ce fret excessif au prix duquel n'avait pu suffire celui même de la denrée.

Le Ministère changea, les plans des campagnes furent changés. Les systêmes pour l'aprovisionement des Colonies le furent aussi : on sentit que les Négocians des Ports-de-Mer s'étaient engagés témérairement, & qu'ils avaient compromis l'existence des Colonies, celle des troupes du Roi, & des Flottes qui étaient dans leurs rades. On vit enfin qu'il n'y avait point d'autre parti à prendre que de se servir des vaisseaux neutres. De ce moment les biens de la paix se firent sentir au milieu de la guerre dans les Colonies : les Administrateurs eurent la faculté de pourvoir aux aprovisionemens des flottes & des armées Françaises & Espagnoles. Les prix de tous les objets de consommation, de toutes les fournitures, tombèrent de deux cents pour cent, les trésorts de l'État en furent soulagés; nos Généraux purent agir offensivement contre les Anglais.

La paix se fit en 1783; de ce moment partirent du Ministère les ordres les plus rigoureux de ne plus recevoir d'Étrangers dans les Colonies, & d'exercer à l'avenir toute la sévérité des Loix prohibitives. Les seuls Anglo-Américains conservèrent le droit d'entrer, d'entrer, non dans tous les Ports de Saint-Domingue, mais au seul Port du Môle Saint-Nicolas, sous les anciennes restrictions.

Les Administrateurs de cette Colonie exécutèrent ces ordres avec une ponctualité, une rigueur même qui leur valut beaucoup d'éloges de la part de nos Négocians : mais que résulta-t-il encore de cette restriction des Anglo-Américains au seul Port du Môle? Leurs Capitaines, qui se rappellaient le Monopole de ces Accapareurs qui les avaient si maltraités avant la guerre, refusèrent d'y aller, & furent se présenter dans les Ports de la Jamaïque, où, malgré toutes les Loix prohibitives de la Grande-Bretagne, le Gouverneur Anglais eut le sens de les recevoir, *en vertu de commissions qu'on leur envoyait à l'entrée du Port de Kingstown.*

Vous voyez, Négocians des Ports-de-Mer, que ces Loix dont vous avez toujours tiré vos plus forts argumens, ont été enfreintes publiquement, & plus d'une fois; & vous avez avancé le contraire, quoique vous ayez pu lire, quoique vous ayez certainement lu der-

nièrement dans les papiers publics (mais votre intérêt vous l'a fait oublier promptement) la lettre que le Gouverneur d'une Isle Anglaise écrit à sa Métropole. Il lui annonce publiquement, „ qu'il ne se connaissait pas en po-
„ litique, qu'il ne se croyait pas en état de
„ discuter une grande question, mais que
„ comme homme doué d'un sentiment d'hu-
„ manité, & connaissant la manière de voir
„ de son Maître, il ne pouvait pas laisser
„ une Colonie entière mourir de faim, lors-
„ qu'il était en son pouvoir de lui procurer
„ des vivres."

C'est un homme de mer qui écrit ceci! C'est un Anglais nourri, élevé dans les principes des Loix prohibitives, de ces Loix que vous citez sans cesse, & desquelles vous tirez des inductions si subtiles. Répétons-le, cet homme est un homme de Mer! Mais cet homme de Mer se trouve de la sensibilité, se trouve une âme dès qu'il s'agit de la subsistance des hommes; toute considération politique tombe devant ce grand intérêt; il ne voit plus ni la conservation de sa place, ni le blâme de sa Nation, ni la disgrace de son

Roi qu'il peut encourir. Les Loix de sa Nation qui doivent faire périr des hommes en continuant à les exécuter, le révoltent & l'indignent; il foule aussi-tôt aux pieds ces Loix homicides; il donne une grande leçon d'humanité à sa Patrie, & il offre sa tête s'il faut punir son infraction aux Loix meurtrières de son Pays. Ah! qu'elle soit plutôt récompensée, que dis-je? qu'elle le soit! Elle le fut sans doute, & le sera à jamais par les biens sans nombre qui en sont résultés pour la Colonie confiée à ses soins, par la pensée si satisfaisante pour lui d'avoir sauvé des hommes!

L'exécution précise de la prohibition produisit des effets bien différens à Saint-Domingue. Dès ce moment le prix de la morue qui était au Cap à 24 ou 30 liv. le quintal, monta jusqu'à 132 liv. Le riz & les bois, furent également portés à des prix excessifs: & ce qui surprendra, sans doute, mais ce qui est cependant un résultat nécessaire, la contrebande se fit encore; comme il n'y avait point de proportion, par le rehaussement du prix de tous les objets, entre les risques de la confiscation, & les bénéfices de la contrebande, elle se fit, non pas au Cap, parce qu'elle y était impossible, mais dans tous les petits Ports de la Côte, depuis le Port Margot jusqu'au Môle Saint-Nicolas, malgré la vigilance & l'activité de l'Officier qui commandait la Marine. C'est une chose inévitable dans tous les Pays, les contrebandiers pullulent de tous côtés, là où les bénéfices sont grands pour eux : la sévérité ne les détruit pas. Mais calculez le régime de votre Administration de façon qu'il y ait peu d'intérêt à faire la contrebande, & personne ne daignera l'entreprendre. Le Ministère Anglais vient enfin de reconnaître cette vérité. Il n'a pu prétendre à la faire cesser sur les Côtes d'Angleterre, pour le thé, qu'en diminuant considérablement les droits établis précédemment sur cette denrée. C'est un aveu d'impuissance que tous les Gouvernemens devraient désormais méditer avant de faire des Loix prohibitives, avant de se flater de leur entière exécution.

Telles sont les circonstances dans lesquelles a paru l'Arrêt du 30 Août 1784. Quel homme de bonne foi ne sentira pas qu'il était

& juste, & nécessaire? Il fallait pourvoir à la subsistance & à la conservation des Esclaves, & il était tems, la famine s'était déja fait sentir, au milieu des premiers beaux jours de la paix. Quelques articles de cet Arrêt ont semblé se ressentir encore de l'esprit des anciennes Loix prohibitives, puisqu'il ne permet point l'introduction de la farine, ni celle des Esclaves; mais on doit présumer que le Conseil du Roi a cru devoir s'arrêter dans sa justice, & s'imposer à lui-même la loi d'avoir encore égard, jusqu'à un certain point, aux préjugés des Commerçans, à des opinions mauvaises en elles-mêmes, mais qu'il faut détruire peu-à-peu, parce qu'il est des positions où des réglemens bons & justes seraient prématurés, & que le tems n'est pas encore venu de les établir.

Ainsi, sans me permettre d'analyser cet Arrêt, je rendrai donc seulement homage aux intentions pleines de bienfaisance & d'humanité qu'on y découvre. Il laisse, sans doute, beaucoup de choses à désirer pour le plus grand bien des Colonies & de la Métropole; mais il me suffit de reconnaître l'esprit de balance & d'équité qui en a dicté les principaux articles, pour m'impofer un filence refpectueux.

Les Négocians des Ports-de-Mer ont jugé à propos de fe conduire différemment, ils l'ont attaqué, pour ainfi-dire, à force ouverte. A la première nouvelle qu'ils en ont reçue, ils ont dit : „ quoi! l'on a changé les Entrepôts „ des Colonies fans notre aveu! il ne faut „ pas que le Miniftère, il ne faut pas que le „ Roi & fon Confeil s'accoutument à ces „ émancipations fi nouvelles pour nous. Depuis un fiècle nous étions feuls écoutés fur „ les objets relatifs aux Colonies; maintenons „ les erreurs anciennes. Profitons de cette „ vérité que le Commerce eft l'âme des „ grands États : difons que nous fommes le „ Commerce, & les défenfeurs du Commerce. „ Armons-nous de ces mots fonores & impofans, *Navigation*, *Flotte*, *Culture*, *Manufacture*, *Métropole*, que nous interprétons „ à notre manière & plaçons felon notre unique „ intérêt. Inquiétons par des écrits allarmans „ & captieux les Cultivateurs des Provinces „ Maritimes, les Manufacturiers du Royau-

„ me, les Fabricans, les États des Provinces,
„ les Parlemens sur-tout. (*) Annonçons-
„ leur que les denrées, & les objets manu-
„ facturés ne seront plus vendus à l'avenir qu'à
„ vil prix, ou même resteront sans acheteurs;
„ cessons nous-mêmes nos achats, cessons
„ tous armemens, du moins en apparence;
„ menaçons de laisser dans le Cellier du Pro-
„ priétaire de la Guienne & de la Saintonge
„ ses vins, ses eaux-de-vie, de laisser dans
„ les greniers des Meuniers de Gascogne leurs
„ farines; menaçons même de vendre nos
„ Navires. Nous seuls connaissons les matières
„ que nous traitons : nous seuls en avons la
„ clef & le secret; les hommes que nous
„ étourdirons de nos plaintes son *Peuple* sur
„ ces matières; ces gens de Province ne
„ voyent que leurs petits intérêts du moment,
„ leurs calculs de la semaine; chacun ne
„ connaît que sa Ville, son Bourg, sa Ma-
„ nufacture, sa Vigne, son Champ de bled:
„ c'est là l'Univers pour la plûpart; voyons

(*) En effet ceux de Rouen & de Bordeaux se sont laissés entraîner à leurs clameurs, & ont eu la complaisance d'en répéter une partie.

„ l'objet de la querelle dans des principes „ obſcurs & contournés, que perſonne ne „ nous conteſtera ; faiſons l'aplication, la „ mixtion de ces principes à notre guiſe ; „ démêlons les intrigues de Cour ; démêlons „ les affections ; les inimitiés ; envoyons des „ Députés à langue déliée, & à voix de „ *Stentor* ; faiſons retentir tous les Cabinets „ des Gens en place, & dont l'opinion peut „ influer dans les affaires ; des cris s'éleveront „ de tous côtés pour ſeconder les nôtres ; „ tâchons, ſur-tout, qu'il arrive des Remon„ trances, des Lettres, des Arrêtés des „ Grands-Corps de Magiſtrature, & le Con„ ſeil du Roi reculera néceſſairement : n'a„ vons-nous pas fait entr'autres exemples, „ reculer M. de Machault en 1756, & M. de „ Sartine en 1778 ?

SI ce n'eſt là littéralement ce qu'ont dit les Négocians des Ports de-Mer, c'eſt, bien certainement, ce qu'ils ont fait, ou voulu faire. S'ils n'ont pas réuſſi auſſi complettement qu'ils le déſiraient, du moins ils n'auront pas à ſe reprocher d'avoir épargné ni ſoins, ni démarches.

Mais pourquoi tous ces ſoins, toutes ces démarches ? Que veulent-ils ? de quoi ſe plaignent-ils ? que leur a-t-on enlevé par l'Arrêt du 30 Août 1784 ? quelles pertes ou préſentes, ou futures doivent-ils réellement en redouter ? Voilà ce que pluſieurs perſonnes ſe ſont permis d'examiner, voilà, en effet, le point néceſſaire à connaître. Les Négocians ſe plaignent ; c'eſt un fait ; ont-ils raiſon de ſe plaindre ? C'eſt une queſtion. Les Lettres ſuivantes ſeront employées à l'éclaircir ; & les détails dans leſquels j'entrerai ne laiſſeront, je l'eſpère aucun doute là-deſſus.

LETTRE VI.

MONSIEUR,

JE dois commencer par copier l'Article second de l'Arrêt, où sont énumérés les objets dont l'admission est maintenant permise par les Navires Étrangers ; nous verrons ensuite quel tort il peut résulter de chacun pour le Commerce de la Métropole.

ART. II. *Permet Sa Majesté par provision, & jusqu'à ce qu'il lui plaise d'en ordonner autrement, aux Navires Etrangers, du Port de soixante tonneaux au moins, uniquement chargés de bois de toute espèce, même de bois de teinture, de charbon de terre, d'animaux & bestiaux vivans de toute nature, de salaisons de bœufs, & non de porcs, de morue & poisson salés, de riz, maïs, légumes, de cuirs vers en poil ou tannés, de pelleteries, de résines & goudron, d'aller dans les seuls Ports d'Entrepôt désignés par l'Article précédent,* (*) *& d'y décharger & y commercer lesdites Marchandises.*

(*) *Voyez* la page 84 où ils sont nommés.

Le premier objet permis c'est le bois de toute espèce; & sous cette dénomination étendue celui de charpente, & le merrein sont d'une grande importance. Il faut bâtir les Manufactures dans lesquelles on donne les préparations aux denrées pour les livrer au Commerce, & ces préparations, pour le sucre terré sur-tout, exigent sur chaque habitation une masse énorme de bâtimens. Il en est beaucoup dont les Fabriques seules ont coûté cent mille écus aux Propriétaires; & tel est l'enchaînement des dépenses nécessaires à l'exploitation des terres que sans bâtimens on ne pourrait faire les récoltes, & sans futailles on ne pourrait les exporter. Il est donc absolument essentiel que les Habitans ne manquent point de bois de charpente, ni de merrein, & de ne pas s'en rapporter là-dessus aux promesses légères des Négocians des Ports-de-Mer, qui ont poussé l'imprudence jusqu'à soutenir qu'ils pouvaient rendre aux Isles cette fourniture abondante, & que par elles-mêmes elles avaient de grandes ressources. Faisons voir la fausseté de cette assertion qu'ils ont tous répétée avec une ridicule confiance.

Les Colonies ne trouvent plus chez elles les bois dont elles ont beſoin, c'eſt un fait connu de tous ceux qui les ont parcourues, & qu'une ſeule obſervation fera ſentir à tout le monde. A meſure que les cultures ſe ſont étendues, elles ont dû néceſſairement détruire les forêts, & dans les plaines & dans la plus grande partie des montagnes. Ce qui reſte eſt ou trop éloigné, ou dans un ſite d'un difficile accès, qui rend abſolument impoſſible le tranſport des bois qu'on y pourrait trouver. On a propoſé, pour ſuppléer à cet objet, la Louiſiane & la Guyane.

La Louiſiane fourniſſait autrefois, il eſt vrai, quelques bois à Saint-Domingue : mais cette fourniture était une ſuite des rapports de Commerce entre le Royaume & cette Colonie, alors une des Poſſeſſions Françaiſes, rapports qui n'exiſtent plus & que les principes prohibitifs de l'Eſpagne ne permettront jamais de rétablir ; en ſuppoſant encore qu'elle ſe portât à favoriſer ce genre d'aproviſionement, n'eſt-il pas évident qu'il ne ſaurait ſeul déterminer, entre deux Colonies auſſi éloignées, des communications qui ne pourraient être que ruineuſes ?

La Guyanne eſt, ſans doute, couverte de bois, & la matière ne lui manquerait pas pour les beſoins des Isles; mais où ſont les moyens d'exploitation ? A quelle époque pourraient-ils avoir quelque effet, en ſuppoſant les ſoins les plus ſuivis de la part du Gouvernement ? L'exploitation même ſupoſée, déja exiſtente & facile, favoriſerait-elle ſuſiſament l'aprovitionement de nos Colonies ? La Guyanne eſt au vent de toutes les Antilles. Un Port unique & d'un dificile accès, exiſte dans toute l'étendue de ſes côtes. La tenue dans ces parages eſt impoſſible par la force des courans. Le trajet de la Côte à nos diverſes Isles devient, par la même cauſe, très-long, & exige des Bâtimens légers lorſqu'il s'agit du retour des Isles à la Côte. Aucun beſoin réciproque n'a lieu entre la Guyanne & les autres poſſeſſions Françaiſes parce que leurs productions ſont ſemblables; les bois auraient donc à ſuporter tous les frais du double voyage, puiſque leur vente ſerait l'unique objet des expéditions. Dans cet état des choſes a-t-on pu propoſer de bonne-foi une telle reſſource, & ne ſerait-ce pas le comble de l'imprudence d'y compter ? Voyons si celle du Nord de l'Europe qu'indiquent quelques-uns des Mémoires des places Maritimes aurait plus de convenance & de réalité.

Je crois, qu'en effet, les Négocians pourraient, à-peu-près, pourvoir par cette voie aux besoins de nos Isles. Mais ici, comme pour bien d'autres objets de leur fourniture, s'élève l'obstacle insurmontable du trop haut prix. Je me bornerai à présenter la comparaison des ventres en ce genre par les Négocians Français & par les Américains.

	Liv.
Merrein en chêne Français, le millier . . .	5 à 600
Par les Américains	240 à 250
Feuillard Français le paquet	18 à 24
Par les Américains	5 à 6
	Sols.
Planches Françaises, le pied	10 à 12
Par les Américains	2 à 3

La même différence existe pour les bois équarris. Quel attrait pour la contrebande! quel domage pour l'exploitation des habitations, & par contre-coup pour le Royaume, si la prohibition de ces objets par voie étrangère, étant établie, avait un entier effet!

Quant aux importations de bois tirés du propre sol de la France, je ne puis m'imaginer qu'elles aient été faites sérieusement par la Chambre du Commerce de Bordeaux, au milieu de la disette de ces objets qu'éprouve elle-même cette Province (*), qui ne peut se procurer qu'avec peine la quantité suffisante de feuillards & merreins, pour les récoltes de ses vins. Eh bon Dieu! j'oubliais que la Chambre de Nantes nous annonce de nouvelles plantations de Châtaigneraies dans la Province de Bretagne, dont elle attend le plus grand succès. Voilà certainement une *magnifique* ressource pour les besoins de nos Colonies! mais en attendant qu'elle soit prête, ne pourrait-on pas dire à ces bons Nantais, pour toute réponse à l'espoir de leurs Châtaigniers, ce refrain d'une vieille Chanson, *va-t-en voir s'ils viennent, Jean, &c.*

La fourniture des bois de toute espèce aux Colonies reconnue d'une importance majeure,

(*) Et qu'éprouvera bientôt la plus grande partie du Royaume si l'Administration n'est pas plus surveillante, mieux servie & plus heureuse dans le choix des moyens à employer pour y remédier.

il était du devoir d'une sage Administration de la procurer, n'importe par quelle voie: & de la procurer à un prix assez modique pour que l'Habitant ne fût point obligé d'employer des sommes exorbitantes aux Bâtimens de ses Manufactures, ce qui ne peut se faire qu'au détriment de la Culture. Car même, en supposant suffisante, ou possible, la fourniture des bois de charpente du Nord de l'Europe par les Navires Français, ce serait encore une grande erreur d'Administration d'y vouloir réduire les Colons. Plus ils seront obligés d'employer d'argent à la bâtisse de leurs Habitations, moins il leur restera de moyens de se procurer des bras cultivateurs, moins il y aura de récoltes; diminuons donc le prix des bois de charpente, dans les Colonies, autant qu'il sera possible, & concevons que ce bas prix tournera d'autant au profit du Commerce Français même, puisqu'il mettra l'Habitant en état de lui livrer plus de denrées; bénéfice pour le Royaume bien plus clair, bien plus considérable que celui qui peut revenir des comissions & du fret, dont les bois du Nord de l'Europe, importés dans les Colonies, auraient pu être l'occasion.

Je ne parlerai point du charbon de terre, c'est un objet peu conséquent, qui n'est considéré que comme lest ; les Colonies en font une très-faible consommation, & seulement pour les forges, dont les travaux sont réduits au ferrement des chevaux, & à quelques réparations des instrumens d'Agriculture & des moulins de Manufacture.

Entre les animaux vivans dont l'entrée est permise, par les Étrangers, dans nos Colonies, les chevaux & les bœufs sont les seuls que les Nouveaux-Angleterriens y portent de leur continent. Le besoin de chevaux est égal aux Isles du Vent, & à Saint-Domingue ; ils y servent non-seulement comme montures, mais encore comme bêtes de somme & de trait. Quant aux bœufs, les Isles du Vent n'ont presque plus d'autres ressources pour leurs boucheries que ceux de la Nouvelle-Angleterre. Le peu d'étendue du terrein des habitations, en général, des Isles du Vent, n'y permet point au Propriétaire d'en réserver une partie suffisante pour les prairies, nommées Savannes. S'il le faisait, ce ne serait qu'au détriment des cultures, & les productions précieuses dont le sol est chargé ne doivent pas disparaître, pour le convertir en hattes; ce serait, en un mot, encore une grande erreur d'Administration de prétendre changer en Pasteurs les Cultivateurs des Isles du Vent; desorte que ces Colonies n'ont plus d'autres moyens pour fournir à leur consommation de viande fraîches, nécessaires aux hôpitaux, aux garnisons même, que les importations des Anglo-Américains.

J'en dirai à-peu-près autant de Saint-Domingue : ce secours n'y fut pas autrefois rigoureusement nécessaire. Beaucoup d'Habitans avaient pu se ménager des Savannes, & les Espagnols sur-tout, qui ne cultivaient point la partie de Saint-Domingue dont ils sont possesseurs, avaient des hattes immenses peuplées de nombreux troupeaux. Mais tout est changé à cet égard. Les hattes Espagnoles ont diminué; une épizootie terrible, dont j'ai déja parlé, a frapé leurs troupeaux d'une mortalité qu'ils ne pourront jamais réparer. Il s'est même déja rendu plusieurs Ordonnances de l'Administration Espagnole, qui défend l'exportation des bestiaux, tant ils craignent d'en manquer pour eux-mêmes; que faire donc pour cet objet nécessaire à l'existence physique des Habitans des Colonies, à l'existence physique des troupes du Roi, & par conséquent à la sûreté de ces possessions? L'admission des bestiaux vivans, par quelque voie que ce puisse être.

Et, quand même la nécessité ne militerait pas aussi fortement en faveur de cette admission, le peu de tort qu'elle fait au Commerce de France aurait dû, dans tous les tems, la faire permettre; car remarquez qu'il est bien évident que lorsque les Négocians veulent la faire condamner, ils font ici le mal pour le mal, c'est-à-dire, sans la moindre aparence d'aucun bien résultant pour eux. Cette partie d'aprovisionnement ne s'est jamais faite, & est impossible par des expéditions directes de France. Les Navires partent des Ports du Royaume avec des chargemens précieux, plus ou moins complets, mais inconciliables avec tout transport de bestiaux, par l'espace que ceux-ci occupent, comme par les lieux où il faut les placer dans les Navires. Des Armemens qui n'auraient d'autre objet que ce transſport, ne peuvent également avoir lieu, parce qu'ils n'offriraient aux Armateurs que des pertes certaines, ou l'impoſſibilité aux Habitans des Isles d'atteindre au prix auquel il faudrait les porter d'après celui de l'achat en France, d'après les frais d'Armement, & d'après les pertes eſſuyées pendant un trajet de long cours : d'ailleurs, le haut prix de la viande en France annonce aſſez que l'extraction des beſtiaux en ſerait même infiniment préjudiciable aux Habitans de ce Royaume.

Les reſſources des Côtes du continent Eſpagnol, qu'ont-propoſées les Chambres du Commerce, ne ſeraient pas plus heureuſes, ni plus praticables, pour la fourniture des beſtiaux aux Colonies. L'Eſpagne eſt tellement difficile pour ſes Communications avec nous, que pendant la dernière guerre, où ſes intérêts étaient ſi intimément liés aux nôtres, elle a refuſé la permiſſion d'aller chercher des beſtiaux pour la ſubſiſtance des troupes & des armées navales aſſemblées à la Martinique. Le réſultat d'une longue négociation à cet égard, a été une promeſſe, mal remplie, de fournir par des Bâtimens Eſpagnols une quantité déterminée de bestiaux par mois.

Les mulets qui sont de première nécessité pour l'exploitation des Manufactures & le transport des denrées, se sont jusqu'ici tirés en contrebande des possessions Espagnoles ; mais ce Commerce a beaucoup diminué depuis quelques années, & il est, sans doute, très-heureux que les chevaux de la Nouvelle-Angleterre puissent, en en permettant l'entrée dans les Colonies Françaises, suppléer en partie au manque de mulets, qui sans cela porterait un tort notable aux travaux des habitations, & diminuerait par conséquent la somme des produits.

On a fait à diverses reprises l'essai d'apporter dans nos Colonies des mulets dits d'Auvergne & du Poitou : j'ai connu à la Martinique un Habitant qui en reçut une cargaison de quatre-vingt. Au bout de deux ans il n'en restait que deux de vivans. La différence du climat & de la nourriture les avait tous fait périr. On a tenté la même chose avec aussi peu de succès à la Guadeloupe & à Saint-

Domingue, & il est notoire que les mulets & chevaux de France (*) ne peuvent ni travailler, ni vivre dans nos Colonies.

La relâche aux Isles du Cap Verd, proposée par les Chambres du Commerce, est également impraticable, & l'Armateur n'y trouverait que des pertes certaines; outre que les Habitans ne voudraient point donner un haut prix de cette espèce de mulets, d'autant que plusieurs tentatives ont déja généralement apris qu'elle réussit fort mal dans nos Colonies.

Que conclure encore de ces faits? Que les les Négocians des Ports-de-Mer ne peuvent faire aux Colonies aucune fourniture d'animaux & bestiaux vivans; qu'ils n'en ont jamais fait; qu'on ne leur enlève donc rien, absolument rien par l'Article de l'Arrêt du 30 Août qui concerne cet objet, & qu'ils sont

(*) Les Anglais ont fait venir dans les leurs beaucoup de chevaux de selle de la Grande-Bretagne: il n'en est aucuns qui, au bout d'un ou deux ans, ne soient, malgré les plus grands soins, & le peu de fatigue, dépéris au point d'être obligé de les abandonner dans les Savannes.

encore à cet égard, absolument sans motifs de plaintes, & sans aucun intérêt.

Il n'en est pas de même des salaisons de bœufs, & de la morue & poisson salés, dont l'introduction se trouve maintenant permise par les Navires étrangers. Ces objets sont réellement ceux des réclamations, en aparence les mieux fondées, du Commerce de France, & ceux auxquels il est le plus intéressé. Mais ce sont aussi ceux dont le besoin est le plus pressant pour les Colonies, car, avant tout, il faut vivre : pourvoir à la subsistance des hommes dont on veut exiger des travaux, doit être en même tems & le premier vœu de l'humanité, & le premier soin de l'intérêt.

L'Administration l'a senti ; mais comme les raisonnemens des diverses Chambres du Commerce, à ce sujet, sont présentés de manière à pouvoir faire impression, j'entrerai dans quelques détails, & je destine la Lettre suivante à la discussion la plus attentive sur cette matière.

LETTRE VII.

MONSIEUR,

Tout ce que les Chambres de Commerce ont écrit, ou fait écrire sur les avantages résultans pour la Métropole, de l'importation exclusive des bœufs salés d'Irlande par les Navires Français, dans nos Colonies, se réduit à prétendre que le débouché des vins de Bordeaux dépend en partie de cette branche précieuse du Commerce National avec l'Irlande, que l'admission aux Colonies des salaisons de bœufs par voie étrangère, y rendra la consomation des salaisons d'Irlande moins forte; & que les Irlandais vendant moins de bœufs au Commerce de France, en tireront moins de vins.

Au surplus pour ne point affaiblir les objections des Chambres du Commerce, copions mot-à-mot ce qu'on lit à ce sujet p. 51. & suivantes des Observations des Négocians de Bordeaux.

„ Les vins du Bordelais, disent-ils, spé-
„ cialement connus sous le nom de *Vins* do
„ *Bordeaux*, & les vins de l'Agénois & du
„ Quercy, connus sous le nom de *vins* de *Haut-*
„ *Pays*, sont un objet si important pour la
„ Province de Guienne, ils tiennent un rang
„ si distingué dans la masse des richesses terri-
„ toriales du Royaume, ils forment avec les
„ eaux-de-vie, un objet d'exportation si pro-
„ fitable à l'État, que nous ne craignons point
„ d'être contredits quand nous dirons qu'ils
„ méritent la plus grande considération; l'Im-
„ portation du bœuf salé d'Irlande est le ca-
„ nal le plus sûr, le plus usuel, & le plus
„ étendu du débouché de la partie la plus
„ intéressante de ces vins; c'est en Irlande
„ & en Angleterre que se consomment, en
„ grande partie, ceux du plus haut prix.

„ Ils sont exportés en retour par les vais-
„ seaux d'Irlande qui nous apportent les sa-
„ laisons, que les Négocians du Royaume
„ envoient en commission dans le Port du
„ Royaume d'où nous les envoyons aux Co-
„ lonies.

„ Si les Irlandais peuvent porter leurs sa-
„ laisons directement dans nos Isles, ils n'ont
„ plus d'occasions de venir dans nos Ports ;
„ dès-lors, & le débouché & les prix de nos
„ vins souffrent inévitablement une diminu-
„ tion effrayante ; & nous ne saurions remé-
„ dier à cet inconvénient terrible en entre-
„ prenant d'exporter nous-mêmes nos vins
„ en Angleterre & en Irlande.

„ Les Anglais & les Irlandais nous ou-
„ vriraient vainement leurs Ports pour cette
„ branche de Commerce ; nous ne pourrions
„ les porter chez eux, soit parce que nous
„ ne saurions y trouver d'objet de chargement
„ pour les retours, soit par une foule d'au-
„ tres raisons qu'il serait trop long de dé-
„ duire ici.

„ Ce mal serait sans remède : le defaut
„ d'emploi des vins en ferait nécessairement
„ négliger la culture ; & le lustre de la plus
„ belle partie de cette grande & riche Pro-
„ vince, tomberait sans retour, par l'inuti-
„ lité du sol, à-peu-prés impropre à tout au-
„ tre genre de production.

„ Le Commerce en recevrait encore une at-
„ teinte mortelle ; l'objet de l'exportation du
„ bœuf salé d'Irlande aux Colonies, par le
„ seul Port de Bordeaux en le supposant dé-
„ livré de la concurrence étrangère, peut
„ être évalué chaque année à quatre-vingt
„ mille barils ; en comptant huit barils au
„ tonneau, ce sont dix mille tonneaux : ainsi
„ cet objet seul représente l'emploi de cin-
„ quante navires de deux cent tonneaux,
„ que ce seul Article de la Loi retranche tout
„ d'un coup de la navigation du Commerce
„ de Bordeaux.

„ Mais outre cette diminution effective, ce
„ changement inopiné dérange toutes les opé-
„ rations du Commerce maritime. Comme
„ les denrées de nos Colonies sont de nature
„ à prendre un grand encombrement dans
„ nos Navires, & que les marchandises sèches
„ que nous y portons, occupent de fort pe-
„ tits espaces, on se plaint, & avec raison,
„ que nos Bâtimens sont trop grands pour
„ l'aller, & insuffisans pour les retours. Nous
„ avons donc besoin d'avoir pour nos car-
„ gaisons de France des articles d'encom-

„ brement; le bœuf salé en est un considé-
„ rable, & en le perdant il nous est impos-
„ sible de le remplacer, & d'assortir nos
„ cargaisons.

„ La multitude des objets nous force à
„ nous réduire : mais que n'aurions-nous
„ pas à dire, si nous voulions représenter
„ ici les maux que souffrirait de la supression
„ de cet objet de chargement ce Peuple
„ d'Ouvriers & de Journaliers attachés au
„ Commerce, & successivement employés au
„ déchargement, au gabarage, au rebatage,
„ aux manipulations de toute espèce, & enfin
„ au rechargement dans nos Navires de toutes
„ ces salaisons d'Irlande.

„ Mais les Colons eux-mêmes, ces Colons
„ aveuglés par les prestiges d'un intérêt mal-
„ entendu, qui ont si vivement sollicité une
„ Loi dont ils n'ont pas su voir toutes les
„ conséquences; les Colons eux-mêmes ne
„ pourraient que souffrir beaucoup de cette
„ partie de la Loi si elle subsistait, & si elle
„ pouvait être exactement exécutée.

„ POURQUOI désirent-ils, avec tant d'ar„ deur, de recevoir chez eux le bœuf salé „ de l'aport direct des Étrangers qui le pré„ parent? C'est parce qu'ils ont compté qu'ils „ l'auraient à plus bas prix qu'en le recevant „ de nous de la seconde main. Mais ont-ils „ tout prévu? Ont-ils bien réfléchi que quand „ les Étrangers se seraient emparés, à notre „ exclusion, de cette branche d'aprovisione„ ment, ils leur feraient la loi, & leur ven„ draient bientôt ce comestible plus cher „ que nous ne leur vendons nous-mêmes?

„ IL est dans la nature des choses que celui „ qui vend, tout comme celui qui achète, „ profitent également de l'avantage que leur „ donne, entr'autres circonstances, le seul „ défaut de concurrence (*).

(*) „ Les Anglais auront un moyen assuré de ven„ dre le bœuf salé aux Isles du Vent à tel prix qu'il „ leur plaira d'y mettre, parce qu'ils seront toujours „ les maîtres de régler à volonté & les besoins & les „ secours. Ceux qui préparent les salaisons de bœuf „ en Irlande, les enverront en dépôt aux Isles Anglaises, „ & notamment à la Dominique. Le voisinage de cette „ Isle favorisera les spéculations les plus lucratives

„ D'ailleurs les ſuites naturelles des cir-
„ conſtances de ce Commerce, indépendam-
„ ment de tout eſprit de luxe & de cupidité,
„ forceraient les Irlandais à vendre leurs ſa-
„ laiſons de bœuf aux Colonies Françaiſes
„ plus cher que nous ne les y vendons nous-
„ mêmes ; parce que leurs cargaiſons ne pou-
„ vant être compoſées, aux termes de la Loi,
„ que de ce comeſtible, objet de grand en-
„ combrement & de peu de valeur, ce ſerait
„ ſur cette valeur qu'il faudrait reprendre
„ tous les frais de l'Armement, & par con-
„ ſéquent augmenter conſidérablement le prix ;
„ tandis que le bœuf ſalé ne faiſant, dans les
„ cargaiſons Françaiſes qu'un objet d'aſſorti-
„ ment, & cet objet ne devant ſupporter qu'une
„ portion des frais de l'Armement propor-
„ tionée à ſa valeur relative ; l'Armateur Fran-
„ çais peut réduire, par rapport au bœuf ſalé,

» pour les Négocians Étrangers, & les plus coûteuſes
» pour nos Colons, parce que les premiers ne man-
» queront point de donner les ordres les plus précis
» à leurs Correſpondans à la Dominique, de ne faire
» paſſer le bœuf ſalé dans nos Iſles qu'à meſure & à
» proportion des grands beſoins ; & par-là ils ſeront
» aſſurés d'entretenir toujours un prix exceſſif.

„ un profit qu'il retrouve sur les autres objets
„ de sa cargaison, de moindre encombrement
„ & de plus grande valeur.

„ Ainsi toutes les considérations, tous les
„ intérêts se réunissent pour solliciter la révo-
„ cation de la Loi qui permet aux Étrangers
„ de porter directement le bœuf salé dans
„ nos Colonies. "

Tel est donc ce que les Négocians des Ports-de-Mer ont dit de plus raisonnable sur cet objet; &, craignant que, suposé que l'on voulût convenir avec eux de tous les avantages qu'ils peuvent trouver dans ce Commerce, il ne restât toujours l'objection à leur faire, que cependant ils laissent manquer les Colonies de salaisons de bœufs, & que cette partie d'aprovisionement y est depuis longtems alternativement insuffisante au moins six ou sept fois chaque année; pour prévenir ce reproche & les inquiétudes du Ministère, ils avaient dit, page 40, des Observations des Négocians de Bordeaux, „ les salaisons de
„ bœuf ne se préparent point dans le Royau-
„ me, & peut-être l'*acquisition d'une partie*

„ *de cette branche d'Industrie ne tient-elle qu'à*
„ *quelques encouragemens qui sont dans les*
„ *mains du Gouvernement.*

„ MAIS quoique le Commerce National
„ tire le bœuf salé de l'Étranger, & princi-
„ palement d'Irlande, la certitude qu'ont les
„ Négocians d'avoir toujours cet objet en
„ abondance est fondée sur les motifs les
„ plus solides.

„ CES salaisons sont importées chez nous
„ par les Étrangers qui nous les donnent en
„ échange des productions de notre sol,
„ dont ils font une grande consommation. Ils
„ nous aportent même ces salaisons à un fret
„ assez modique, dans l'espoir bien fondé de
„ gagner un second fret sur les cargaisons de
„ retour. Ces deux causes, pourvoyant tout-
„ à-la-fois & aux besoins des Étrangers,
„ qui consomment nos denrées, & qui nous
„ fournissent les leurs, & aux profits des
„ Navigateurs qui voiturent les unes & les
„ autres, nous assurent la durée constante
„ de cette branche de Commerce, & même
„ son accroissement, si elle n'est détournée
par

„ par quelque méprise d'Administration telle
„ que l'Arrêt du Conseil du 30 Août 1784.

„ A quelque point d'accroissement que
„ puissent monter dans nos Colonies la cul-
„ ture & la population, le Commerce de
„ France est assuré d'avoir toujours les moyens
„ de fournir aux Colons cet objet de subsis-
„ tance, avec une abondance proportionée
„ à leurs besoins; nous avons de cette vérité
„ une preuve dont nous ne pouvons nous
„ défier. Des relevés bien sûrs nous appren-
„ nent qu'immédiatement avant la dernière
„ guerre, la quantité de bœuf salé qui ve-
„ nait à Bordeaux chaque année, & qui de
„ là s'exportait aux Colonies, allait bien au
„ delà de cinquante mille barils, les moyens
„ de cette exportation ne peuvent être bor-
„ nés que par les bornes de la consomma-
„ tion des Colonies. La valeur des vins que
„ nous fournissons aux Étrangers, qui nous
„ aportent le bœuf salé, étant toujours su-
„ périeure à celle des envois qu'ils nous font
„ de ce comestible, leur intérêt les invitera
„ toujours à augmenter la masse de leurs en-
„ vois, qui ne sera limitée que par la res-
„ triction de nos demandes.

Il faut remarquer d'abord que ces Négocians de Bordeaux sont sujets à quelques petites erreurs de calcul ; ils portent ici leur fourniture à cinquante mille barils, les années qui ont précédé la dernière guerre ; & dans le Mémoire des Directeurs de leur Commerce, ils articulent, page 30, qu'elle ne fut en 1776 que de trente-deux mille sept cent quarante-neuf barils ; & l'année après la paix de vingt-sept mille neuf cent soixante-dix barils.

Ces derniers comptes sont les plus aprochants de la vérité ; d'où il s'ensuit que cette fourniture de bœuf salé aura à peine suffi aux besoinsde la table des Maîtres, à la Martinique & à la Guadeloupe, où ils en font une grande consommation, sans qu'il soit rien resté pour la nourriture des Esclaves.

Or, cet état constant de rareté d'un comestible nécessaire dans les Colonies, & que seize années de paix avaient vu diminuer graduellement, me paraît plus allarmant sur la quantité des fournitures à venir, que les promesses du Commerce ne sont rassurantes. Il a donc été très-sage d'y pourvoir d'une autre manière ; & de procurer désormais aux Colonies & quantité & bon-marché d'un objet de première nécessité.

Je dis bon-marché, parce que les raisonnemens que je viens de copier par lesquels les Négocians des Ports-de-Mer prétendent prouver le contraire, ne peuvent absolument tenir contre la comparaison des prix des salaisons pendant quinze années dans les Isles Anglaises, & dans les Isles Françaises. Cette différence n'a jamais été moindre d'un cinquième. Et cette expérience est bien plus convaincante que la prédiction des manœuvres à venir du Commerce étranger que l'on vient de lire, pour faire renchérir cet objet en l'accaparant à la Dominique.

Tout ce raisonnement tombe, d'ailleurs, de lui-même : il ne porte que sur la supposition que les fournitures de salaisons de bœuf seraient faites par les Anglais ; & c'est bien peu connaître l'objet dont on raisonne, que d'ignorer que ce n'est point eux que l'on a en vue sous la dénomination de Navires étrangers ; mais bien plutôt les Anglo-Américains, qui ſeuls ont fait & pu faire des aports conſidérables de bœufs ſalés, tant en interlope dans nos Isles, que librement dans les Isles Anglaiſes, avant la ſciſſion.

Toutes ces combinaiſons ſi gratuitement ſupoſées, pour faire monter exceſſivement le prix des bœufs ſalés, de la part des Anglais, ne peuvent être d'aucune vraiſemblance pour le Commerce des États-Unis. Leur intérêt eſt de venir directement dans nos Ports, d'y vendre le plus promptement poſſible, & d'en repartir de même, ainſi point d'accaparement à craindre à la Dominique, point de calculs dangereux ſur la diſette à faire naître, dont les Négocians des Ports-de-Mer, en voulant jeter le ſoupçon ſur les Marchands Étrangers, ont paru l'éveiller contr'eux-mêmes, & n'ont fait que confirmer ce dont les Colons les accuſent.

Le bienfait de la Loi reſtera donc entier pour les Colonies, & l'admiſſion des ſalaiſons étrangères leur aſſurera donc, (de la part de la Nouvelle-Angleterre, & non point des Irlandais, ni des Anglais) un aliment néceſſaire à la subsistance des Esclaves, & infiniment meilleur pour eux que la morue. Ne perdons point ici l'occasion de dire que ce dernier aliment n'est devenu, depuis quelque tems, d'un usage général pour la nourriture des Esclaves, que par le manque des salaisons de bœuf, & que ce remplacement ne s'est fait qu'au détriment de la santé des Nègres, qui ne trouvent pas dans le poisson assez de parties nutritives pour réparer leurs forces épuisées par le travail & le poids du jour, dans ces climats où les déperditions sont considérables, même dans l'état d'oisiveté.

Il entrait donc de toutes manières dans les principes d'humanité & d'économie, de mettre les habitans à même de mieux nourrir leurs Nègres. Reste à examiner si, en effet, la voie maintenant ouverte doit fermer, par contre-coup, le débouché des vins de Bordeaux.

Cette assertion des Négocians des Ports-de-Mer a été faite avec une telle assurance, que la plupart des partisans de l'Arrêt du 30 Août, s'en sont trouvés ébranlés; un d'eux dont les lumières ne sauraient être suspectées, a même cru que le bœuf salé devait être excepté de toute importation étrangère.

Moi-même j'étais quelquefois tenté d'adhérer aux raisonnemens des Négocians de Bordeaux que j'ai ci-dessus copiés fidellement; d'après eux, je craignais voir arracher ces beaux vignobles, comme ils nous en menacent, si les Nègres des Colonies mangent d'autre bœuf salé que celui des Irlandais aporté par des Bordelais; & cette idée me faisait, je l'avoue, une chagrinante impression.

Cependant je trouvais un peu de bizarerie entre ces raports établis par le Commerce, & je me disais, que le goût que peuvent avoir les Anglais pour nos vins de France, devrait bien être indépendant du besoin qu'ont nos Nègres du bœuf salé; que quand même ceux-ci ne consomeraient pas une livre des salaisons d'Irlande, toujours était-il vrai que le gozier des Habitans des trois Royaumes avait besoin d'être désaltéré; que si je suis seul à récolter & à vendre du vin à mes voisins, & que de ces voisins plusieurs vendent de la viande, je ne risquerai nullement de perdre le débit de mon vin, pour avoir pris ma viande là où je l'ai trouvée à meilleur compte. Que l'effet naturel qui s'ensuivra sera que le voisin où je ne prendrai plus ma viande, ayant cependant toujours besoin de mon vin, cherchera d'autres objets à me donner en échange, ou enfin me le payera comptant.

Je trouvais même encore un autre résultat naturel, bien avantageux à la Métropole, & bien politique; c'est que les Colonies étant aprovisionées en partie par les Anglo-Américains, la consommation des bœufs salés d'Irlande devenant moins considérable, les Négocians de Bordeaux en tirant une moins grande quantité; il faudrait bien que les Irlandais baissassent le prix originaire de cette marchandise chez eux, pour que le Commerce de France pût en faire encore des demandes & l'aporter aux Colonies en concurrence avec les salaisons du Commerce Étranger. Ce serait donc définitivement sur l'Irlande seule que fraperait le contre-coup de l'Article de l'Arrêt du 30 Août qui concerne cet objet.

Or, il est extrêmement heureux, & ce doit être un principe invariable de Commerce, pris en grand, & digne d'une sage Administration de diminuer le prix d'une denrée que l'on est obligé de tirer d'une Puissance rivale, on fait à la fois le plus grand bien du Consommateur Regnicole, & le moindre bien du Fournisseur étranger; car, malgré tous les sophismes de l'intérêt des Colporteurs de la chose, il est de toute évidence qu'en dernière analyse, le bas prix que donne le Consommateur ne tourne à perte que pour le Fabricateur de la denrée.

Celle-ci est même de nature à subir bientôt chez le Fabricant étranger cette révolution, dès qu'elle ne s'offrira plus seule aux besoins du Consommateur français. Les salaisons ne se conservent pas comme les vins; les Irlandais sont & seront toujours contraints d'en fabriquer chez eux, par la quantité de bestiaux qu'ils ne peuvent consommer, comme viande fraîche; ils sont obligés d'en faire des envois réguliers, chaque année, parce que s'ils attendaient, ils risqueraient de voir cette marchandise se corrompre dans leurs Magazins, & leur tomber en pure perte. Les Colonies françaises sont le seul débouché de cette denrée, en passant par l'échelle des Ports de France; ils n'ignoraient pas que le besoin y était toujours au-delà des fournitures; d'après cela ils les tenaient à un prix extrême; & qu'importait au Négociant des Ports-de-Mer: il les revendait en raison dans les Colonies; en dernier résultat ce n'était pas lui qui payait; parce que ce n'était pas lui qui consommait. Au contraire, il trouvait même un avantage personnel à ce haussement de prix qu'a souffert graduellement cette denrée dans les Colonies; ses cargaisons s'élevaient à une plus grande valeur sans prendre plus d'encombrement; & la denrée devenue plus précieuse payait plus aisément un fret, augmenté proportionnellement, le Commerce de France n'étant pour cet objet que Fréteur, Roullier de Mer, Colporteur, devait donc n'y porter d'autre intérêt que celui de le voir monter à un très-haut prix, & c'est aussi ce qui n'a pas manqué d'arriver.

Certes, si la disposition de l'Arrêt du 30 Août ne devait seulement opérer que l'aport direct des salaisons d'Irlande dans nos Colonies, par les Irlandais eux-mêmes; les réclamations des Négocians des Ports-de-Mer pourraient être prises en considération, & leurs calculs de fret, de gabarage, de rebatage, de déchargement & rechargement seraient susceptibles de quelque examen : mais il s'agit d'admettre aux Colonies de nouvelles subsistances, une plus grande quantité de vivres, par une nouvelle voie, par d'autres Fournisseurs qui présentent abondance & bon marché; de quelle faible importance devient alors aux yeux de l'homme d'État le misérable intérêt du Voiturier! Qu'est celui-ci vis-à-vis le Consommateur? Et, je le répéte encore parce qu'on ne peut trop le dire, le Producteur d'une denrée quelconque, & le Consommateur sont les deux premiers objets à considérer dans les Réglemens d'une Administration entendue; la classe intermédiaire ne doit venir qu'après; elle aura beau présenter la question hérissée de tous ses calculs, la France est Consommatrice, par ses Colonies, des salaisons qu'elle ne peut produire; son seul systême sur cet objet le seul vrai, le seul raisonnable, le seul simple & sensible, c'est de s'en procurer abondance & bas-prix.

Telles étaient les idées qui, comme par une espèce de sentiment inné de justice, me faisaient repousser intérieurement tous les raisonnemens des Négocians des Ports-de-Mer. Mais avec combien plus de mépris encore n'ai-je pas dû les accueillir quand je me suis aperçu qu'ils n'avaient pas même le mérite d'avoir été faits par eux de bonne foi, & que leurs écrits même fournissaient une réponse suffisante à tout ce qu'ils avaient allégué, & à ces craintes insidieusement présentées aux Propriétaires des Vignobles, de voir rester leurs vins invendus par le contre-coup de l'Arrêt. C'est ce qu'il faut développer.

Les Directeurs du Commerce de Guienne, & les Rédacteurs des Observations des Négocians de Bordeaux, (*) ont énoncé dans leurs écrits le vœu & la possibilité de rendre Nationale la fourniture des salaisons de bœuf. J'ai lu, page 30 du Mémoire des premiers. *Un des objets d'échange le plus important* . . . .

(*) Je cite ceux-là principalement comme les plus intéressés à la chose; toutes les autres Chambres de Commerce l'ont également répété.

c'est le bœuf salé. Cet Article qu'on pourrait espérer, d'après la fourniture qu'en a fait la Bretagne pendant la dernière guerre, de voir bientôt devenir National, à l'aide de quelques encouragemens, se tire à Bordeaux, de l'Irlande.

J'ai sous-ligné plus haut, en copiant les Observations des Négocians de Bordeaux, cette phrase de la page 40. *Et peut-être l'acquisition d'une partie de cette branche d'industrie ne tient-elle qu'à quelques encouragemens qui sont dans les mains du Gouvernement.*

D'après ceci, le Commerce se contredit lui-même, ou n'est pas sincère en soutenant comme intimément liées ensemble les fournitures réciproques des salaisons d'Irlande & des vins de Bordeaux. Il demande, il propose, il croit possible, il regarde comme un meilleur ordre des choses, que les salaisons pour les Colonies se fassent en France même; il avoue dans un autre écrit (*) en avoir déja tiré de Copenhague, & de Hambourg; mais s'il s'est permis lui-même de nouvelles voies, si la Bretagne peut un jour réaliser par elle-

(*) *Réflexions d'un vieillard du Pays de Médoc.*

même sa proposition, que deviendront alors les vins du Bordelais ? Tout ce que les Négocians ont dit à ce sujet doit naturellement se tourner contr'eux ; & si ce qu'ils ont dit est une chimère dont l'intérêt tombe devant celui d'une production nouvelle, tout ce qu'ils diront pour demander l'encouragement des salaisons de la Bretagne, doit également s'apliquer à une libre introduction des salaisons de la Nouvelle-Angleterre. Le plus fort argument pour les empêcher ils l'ont tiré de la nécessité d'acheter les bœufs salés des Irlandais, pour leur vendre en retour les vins Bordelais. Mais faisant eux-mêmes des propositions qui tendraient à ne plus tirer les salaisons d'Irlande, & d'un autre côté, ne pouvant perdre de vue l'intérêt de leurs vins, ils confessent donc tacitement qu'ils sont bien persuadés d'en obtenir toujours le débouché, indépendamment des salaisons avec lesquelles ils les échangent actuellement.

Tranquillisée désormais par eux-mêmes, par leurs propres paroles, sur les vaines allarmes qu'ils voulaient lui donner, que l'Administration persiste donc dans une très-sage disposition de sa Loi, dans une des plus nécessaires ; qu'elle persiste à regarder l'introduction des bœufs salés aux Colonies, par les Navires étrangers ; comme une combinaison infiniment utile à l'amélioration de celles-ci ; & comme ne portant un vrai préjudice qu'aux Fournisseurs Irlandais ; qu'elle ne laisse point borner ses vues par des résultats partiels, & présentés par l'intérêt personnel qui s'efforce toujours de faire plier les principes généraux sous des considérations particulières.

LETTRE VIII.

MONSIEUR,

Vous avez vu comment les Négocians des Ports-de-Mer avaient attaqué la permission accordée à l'importation Étrangère des bœufs salés : vous avez vu quel cas on doit faire des conséquences funestes qu'ils prétendaient devoir en être le fruit : voyons maintenant avec quelles armes ils combattent l'introduction dans nos Colonies de la morue de pêche Étrangère. Et choisissons de préférence l'Écrit où il nous a paru que cette matière avait été discutée de la manière la plus étendue : voici ce qu'on trouve à ce sujet, page 14 & suivantes d'un de leurs meilleurs Mémoires sous le titre déjà cité de *Réflexions d'un Vieillard du Pays de Médoc*, &c. Copions-le encore, enfin qu'on ne nous reproche pas de l'affaiblir.

„ Cet objet (*la Morue*) mérite l'attention „ la plus particulière ; nous cherchons à „ marcher rapidement, mais ici la matière

„ eſt immenſe, & nous ſerons obligés de lui „ donner toute l'étendue qu'elle mérite.

„ Après la priſe de Louisbourg, dans „ la guerre de 1755, notre Pêche ſe trouva „ reſtreinte au Banc de Terre-Neuve, & „ aux parages qui s'étendent depuis Buono-„ Viſto de l'Isle de Terre-Neuve, juſqu'au „ Cap Portochoa, & nos Poſſeſſions furent „ réduites aux Isles de Saint-Pierre & de „ Miquelon.

„ Par le Traité de la dernière paix nous „ cédâmes aux Anglais Buono-Viſto, & „ nos poſſeſſions pour le droit de pêche „ commencent au Cap Saint-Jean de la Côte „ Orientale de l'Isle de Terre-Neuve, & ſe „ prolongent en paſſant par le Nord, juſqu'au „ Cap de Rhay, à l'extrémité de la Côte „ Occidentale, c'eſt-à-dire l'eſpace de cent „ ſoixante lieues. Les Armateurs pour la „ Pêche ont été encouragés à ce Commerce „ par cette plus grande extenſion. Le Tré-„ port, Dieppe, Fécamp, Saint-Valléry, „ Honfleur, Grandville, Saint-Malo, Por-„ trieux, Saint-Brieux, Binic, Nantes,

„ Oléron,

„ Oléron, Bayonne, Saint-Jean-de-Luz & „ Ciboure ont expédié beaucoup de Terre-„ Neuviers. Ce Commerce a eu de très-gran-„ des progressions depuis la paix ; le Royaume „ ne peut suffire à la consommation, & Mar-„ seille, où nous avons le plus grand débou-„ ché de la morue sèche, en a présentement, „ *en Décembre* 1784, (*) cinquante mille „ quintaux sans acheteurs.

„ On ne hazarde rien en portant le nom-„ bre des Terreneuviers, pour la pêche de „ la morue, à trois cent soixante Navires en „ France ; les Ports que nous avons cités „ font de ce commerce leur objet le plus

(*) Remarquez, je vous prie, à quelle époque, & si ce n'est pas s'exposer au reproche de la plus insigne mauvaise foi. Quoi ! vous voulez donner comme preuve de surabondance de morue, *qu'en Décembre* 1784, cinquante mille quintaux de la pêche de 1784, étaient encore invendus à Marseille ! Eh ! Messieurs, à peine y étaient-ils arrivés. Donnez une année entière à l'activité des consommations, & voyez à la fin, & non au commencement, ce qui reste dans vos Magazins. En vérité votre citation est aussi ridicule que maladroite.

„ considérable ; tout le monde sait que ce „ commerce forme un grand nombre de „ Matelots, & qu'il a cet avantage sur celui „ de l'Amérique, que bien loin de nuire à „ la santé & de corrompre les mœurs, il for„ tifie la première & conserve les secondes.

„ A quoi nous servira d'avoir obtenu une „ plus grande étendue de pêche, si nous nous „ ôtons un de nos principaux débouchés ? „ L'intention de Sa Majesté sera donc trom„ pée, & la France qui trouve dans cette „ navigation, où tout est bénéfice pour elle, „ un moyen sûr de former des Hommes de „ mer pour repeupler les Classes, verra donc „ s'évanouir la seule espérance de réparer „ la perte de tous les Matelots que la guerre „ lui a enlevés. Écoutons la Patrie qui nous „ crie ; Français, vous voulez une puissance „ maritime : vous voulez empêcher que vos „ ennemis ne s'arrogent la Monarchie uni„ verselle sur les mers, & vous affaiblissez „ les moyens de former la seule Milice qui „ doit nous aider à disputer cet Empire ! C'est „ dans des Citadelles flottantes qu'il vous „ faut combattre aujourd'hui ; c'est de la pê-

„ che que vous devez attendre vos défen-
„ seurs. Vous avez déja perdu le commerce
„ de la baleine ; la rivalité infatigable de vos
„ voisins, les primes excessives qu'ils ont
„ accordées à leurs Armateurs, les gratifi-
„ cations dont ils ont accablé, pour ainsi
„ dire, leurs Matelots, ont découragé vos
„ Armateurs de Bayonne, & de Saint-Jean-
„ de-Luz, que votre Gouvernement n'a point
„ assez secourus : vous avez instruit vos en-
„ nemis, & vos ennemis vous ont dépouillés.
„ Que cette faute vous éclaire, & tout est
„ réparé : protégez la pêche de la morue,
„ & n'en partagez les fruits avec aucune au-
„ tre Puissance : faites tout le Commerce que
„ vous pouvez faire : les Matelots se for-
„ ment au milieu des tempêtes & sur les
„ Mers orageuses. Celui qui lutte contre les
„ vents, qui entend mugir la Mer autour de
„ lui, qui malgré la chûte effrayante des
„ mâts & le bruit épouvantable des vagues
„ qui brisent la poupe de son vaisseau, con-
„ serve assez de présence d'esprit pour obéir
„ au Chef qui commande la manœuvre, voilà
„ le vengeur qu'il faut aujourd'hui ; & cet
„ aprentissage éprouve plus l'homme que ces

„ évolutions concertées, & ces marches mo-
„ notones qui forment vos soldats : vous n'au-
„ rez à combattre que sur les Mers, & vous
„ ne pouvez être défendus que par ceux ac-
„ coutumés à braver les naufrages & la mort.

„ Il est un Peuple, ne craignons pas de
„ le dire, il est un Peuple qui peut armer
„ avec moins de frais que nous pour le Com-
„ merce de la pêche; mais ce n'est pas une
„ raison pour lui permettre d'aprovisioner de
„ morue nos Colonies. Nous avons fait pro-
„ noncer son indépendance, & la reconnais-
„ sance l'attache à nous; mais la liberté est
„ un assez grand bienfait, sans que nous lui
„ abandonnions en tribut la partie de notre
„ commerce la plus précieuse. Le Roi de
„ France est son allié, mais il est notre Père;
„ ce Peuple est son pupille, mais nous som-
„ mes ses enfans. Les Colonies sont un pa-
„ trimoine que ses ayeux lui ont laissé, & il
„ en doit l'héritage tout entier à son fils. C'est
„ du commerce de la pêche que dépend la
„ conservation de sa puissance maritime.
„ Quand cet Auguste Souverain a aboli la
„ servitude dans ses Domaines, il a respecté

„ les propriétés, & il a invité les Seigneurs
„ de son Royaume à suivre son exemple. Com-
„ ment consentirait-il aujourd'hui à enlever
„ aux Villes maritimes de son Royaume l'exer-
„ cice de leur industrie, & leurs moyens de
„ prospérer, tandis que sa bonté paternelle
„ n'est occupée qu'à soulager ses peuples, qu'à
„ secourir l'humanité souffrante, qu'à conser-
„ ver la paix qu'il a donnée à l'Univers, &
„ qu'il emploie encore aujourd'hui tous ses
„ soins à étouffer le nouvel incendie qui me-
„ nace l'Europe ?

„ Quel grand intérêt avons-nous à augmen-
„ ter la Puissance maritime de nos nouveaux
„ Alliés ? Quels sont nos ennemis naturels ?
„ C'est un Peuple qui avec deux tiers moins
„ de population que nous, qui, courbé sous
„ le fardeau d'une dette nationale & mons-
„ trueuse, à la faveur de sa Marine s'est porté
„ à la fois dans toutes les mers, & dans les
„ quatre parties du monde. Ses Colonies ont
„ été aprovisionnées par ses propres vaisseaux :
„ il n'a pas eu besoin du secours des Neu-
„ tres pour porter des subsistances & des mu-
„ nitions au bout de l'Univers, & il a donné

„ des escortes à toutes ses Flottes marchan-
„ des. Il a fait plus encore, il a lutté seul
„ contre quatre Puissances maritimes ; il a
„ soudoyé des armées de mercenaires ; il a
„ acheté des bras pour se défendre, & il a
„ déployé par-tout, avec ostentation, l'appareil de la guerre la plus formidable. A
„ quoi devait-il ses ressources inépuisables ?
„ A son Commerce maritime & à la Milice
„ nombreuse de ses Matelots. Que son exemple nous instruise : conservons notre pêche,
„ & donnons-lui tout l'accroissement dont
„ elle est susceptible : ne nous dépouillons
„ pas d'une partie de notre Commerce maritime, pour accroître la Navigation d'une
„ nouvelle Puissance. Craignons qu'un nouvel Empire, formé en Amérique, ne nous
„ occasionne un jour des repentirs. Il est assez
„ de Puissances maritimes pour ravager les
„ mers : l'Asie, l'Afrique & l'Amérique,
„ pleines de Colonies Européennes, devenues les principaux Théâtres du Commerce,
„ deviennent presque à la fois le Théâtre
„ de la guerre, & l'Univers est ravagé d'un
„ Pôle à l'autre. Que la Nation dont nous
„ avons brisé les fers donne un autre exemple

„ à l'Europe, qu'elle vienne dans nos Ports „ de la Métropole échanger ses denrées : son „ agriculture peut suffire à son bonheur, & „ ses mœurs la rendront invincible. Qu'il y „ ait au moins dans l'Univers un Empire „ que le luxe n'ait point corrompu, & que „ le démon de la guerre respecte.

„ Mais revenons à notre sujet, & disons „ hardiment qu'on a surpris l'Administration „ en avançant que les Armateurs de France „ n'étaient pas en état de fournir aux Colo- „ nies les morues dont elles avaient besoin. „ Que les Colonies s'expliquent, & les Ar- „ mateurs de France *prendront les engagemens* „ de leur fournir tout ce qu'elles demande- „ ront.

„ Comment a-t-on pu se flatter qu'un mo- „ dique droit de trois livres, reversible en „ prime pour les Navires français, serait une „ faveur suffisante pour soutenir la concur- „ rence ? Cet encouragement est illusoire : il „ est nul. Nous lui opposerons les vraies maxi- „ mes : le poisson de pêche étrangère a été „ imposé, en France, à un droit excessif. La

„ morue sèche paie quatorze livres du cent, „ accessoires compris. Quel est l'esprit de „ cette imposition? C'est d'augmenter notre „ pêche, & de ne pas contribuer à l'augmen- „ tation de celle de nos voisins; ou plutôt, „ c'est pour accroître notre Navigation, & di- „ minuer celle de nos voisins. L'Arrêt, en „ permettant à l'Étranger de porter de la „ morue dans nos Colonies, remplit-il cette „ intention? Non sans doute; il donne, au „ contraire, un grand avantage aux Étran- „ gers, il augmente leur pêche, il diminue „ la nôtre.

„ Nous observerons encore, que Dieppe „ & Saint-Valery font un très-grand com- „ merce de la pêche du hareng, & que les „ Navires Normands portent ce comestible „ aux Colonies."

A tout cela est joint un fort beau tableau du commerce de la pêche de la morue, & des Armemens faits en 1784, pour cet objet, dans les différens Ports de France. La morue sèche étant la seule qui fasse, la matière des fournitures pour les Colonies, j'ai voulu examiner plus particuliérement cet Article du tableau. Après l'avoir comparé avec les états de la pêche des années qui ont précédé la dernière guerre, j'ai trouvé que les Armemens de 1784, qu'on présentait comme infiniment plus nombreux, ne se trouvaient pas, en effet, augmentés d'un huitième; d'où j'ai dû conclure que l'impuissance du Commerce, à fournir aux Colonies la quantité suffisante de morue sèche, déja trop reconnue par quinze ans d'une malheureuse expérience, subsisterait encore à l'avenir, à-peu-près, au même dégré, malgré *tous les engagemens* que les Armateurs de France s'offrent de prendre, verbalement à la vérité, car il est à remarquer qu'ils n'en ont jamais offert d'autres, & que ce serait pourtant le seul moyen de tranquilliser l'Administration, si leurs propositions avaient jamais posé sur des bases solides. Mais comme il serait même encore très-dangereux d'admettre des promesses faites trop légérement, fussent-elles revêtues des signatures des principaux Armateurs ou Négocians des Ports-de-Mer; comparons ici succintement les besoins des Colonies, & les moyens qu'ont les Négocians d'y pourvoir.

Les cent vingt-cinq Navires partis pour la pêche de la morue sèche en 1784, joints aux vingt-trois Navires qui font le Commerce de la Troque, n'en peuvent, suivant le Tableau, raporter en France, dans l'espace de l'année, que deux cent quatre-vingt dix mille quintaux au plus. Les Négocians, en disant que Marseille en avait cinquante mille quintaux d'invendus, m'aprennent, que cent mille quintaux au moins sont versés dans ce Port, qui en fournit la plupart des États Catholiques : il reste cent quatre-vingt dix mille quintaux, dont cent cinquante mille pour la consommation de l'intérieur du Royaume & des autres Peuples de l'Europe dont nous fournissons les marchés ; quarante mille quintaux seulement feraient donc cette année même tout l'espoir des Colonies ! Aprécions cette ressource.

Les calculs les plus modérés élèvent à plus de cinq cents mille le nombre des Esclaves dans toutes nos Isles. Leur stricte subsistance ne peut pas se borner à moins de deux livres de morue par semaine, l'Ordonnance du Roi prescrit deux livres & demie, l'humanité en devrait donner trois, ou des équivalens. Voilà donc plus de cinq cents mille quintaux d'abſolument néceſſaires à l'exiſtence phyſique des Eſclaves. Cependant à cauſe des Nègres en bas âge, & des reſſources qu'offrent, en vivres du Pays, pluſieurs grandes habitations de Saint-Domingue, je veux réduire le beſoin réel de cette fourniture à trois cent mille quintaux, que je diminuerai encore d'un tiers à cauſe des ſalaiſons de bœufs qui, en ſuppoſant l'admiſſion de celles étrangères, pourraient entrer pour un tiers dans l'enſemble des ſubſiſtances néceſſaires aux Eſclaves.

Que les Armateurs des Ports de France qui envoient à la pêche de la morue, que les Négocians des Ports-de-Mer qui ſe plaignent des diſpoſitions de l'Arrêt du 30 Août, paſſent une police avec le Gouvernement de fournir annuellement aux Colonies ces deux cent mille quintaux, qu'ils garantiſſent cette police de leurs fortunes, de leurs têtes même, (car prenez garde qu'il s'agit ici de la ſubſiſtance d'une grande & importante population, & que la peine de l'homicide eſt due à qui la ferait périr de faim) qu'enfin il y ait une possibilité d'exécution à élever tout-à-coup la pêche à une augmentation de cent soixante mille quintaux, malgré les limites dans lesquelles nous sommes renfermés, & que le dernier Traité de paix n'a que faiblement étendues, il restera encore une raison sans réplique, un motif péremptoire pour admettre la morue provenant de pêche étrangère, c'est la différence du prix; & il est à remarquer que, dans tous leurs Mémoires, les Négocians, gens avisés & discrets, se sont bien donnés de garde d'en parler. Suppléons à leur silence.

Nos Armateurs ont avoué qu'il y aurait perte pour eux à vendre la morue Française dans les Colonies au-dessous de 30 livres tournois le quintal; je l'y ai vue à 35 & 40 liv. tandis que celui de la morue étrangère n'était au plus que de 15 à 20 liv.

L'effet inévitable de cette différence de moitié serait ou de priver les Esclaves de la subsistance, & sans subsistance, point de travail, point de produits, point de Commerce, ou de donner le plus puissant attrait à la contrebande, & avec la contrebande, avec l'apréhension même qu'elle pût exister, point de concours de la part des Négocians Français.

A ce dernier égard l'expérience est faite. Depuis 1763 le Commerce avait laissé les Colonies dans un entier abandon pour ce genre d'aprovisionnement. Les répréſentations de leurs Administrateurs déterminèrent en 1767 à admettre la morue étrangère en la soumettant à un droit de huit livres par quintal. La prohibition fut rétablie en 1768 sur la foi des promesses de nos Négocians, & ils n'ont pas plus fourni depuis qu'ils n'avaient fourni auparavant. Si pendant quinze ans ils n'ont pas profité de la prohibition existente, profiteraient-ils mieux de la prohibition dont ils réclament le rétablissement? si pendant quinze ans la crainte de la concurrence des étrangers par la contrebande les a tenus dans l'inaction, cette crainte agirait-elle moins sur eux, lorsque la contrebande conserverait le même attrait, les mêmes causes, les mêmes moyens?

Ne le dissimulons point : les nouvelles

promeſſes du Commerce nous paraiſſent auſſi téméraires que ſes promeſſes paſſées. En regrettant avec lui les avantages propres de l'extenſion que pourrait donner à notre pêche l'aproviſionnement des Colonies, les avantages plus précieux encore qui en réſulteraient pour la marine, on ne peut s'empêcher de regarder cet aproviſionnement comme impoſible, tant pour la différence des prix, que pour l'inſuffiſance de la quantité, & dès-lors le recours à l'Étranger devient abſolument néceſſaire.

Il eſt encore une autre conſidération importante entre celles qui engagent à permettre aux Colonies l'introduction étrangère de la morue. Cet aliment, quoique ſalé & deſſéché, s'altère, s'échauffe & ſe corrompt quelquefois dans le court eſpace de deux mois. les Armateurs de France aſſujettiſſent preſque tous leurs vaiſſeaux expédiés pour la pêche, à faire leurs retours dans différens ports du Royaume, d'où les Négocians qui achettent leurs cargaiſons, expédient le ſurplus des conſommations intérieures pour les marchés étrangers de l'Europe, & pour nos Colonies.

Ces salaisons n'arrivent à cette dernière destination qu'après avoir séjourné long-tems dans des calles humides. J'ai vu plusieurs fois dans les Colonies cet aliment corrompu à un tel point qu'il était repoussé même par des bouches affamées ; & la police a souvent été forcée de faire jeter à la Mer plusieurs quintaux de ces salaisons, qui exhalaient d'une manière trop marquée des miasmes putrides & destructeurs.

Le défaut de possessions Territoriales voisines des parages de la pêche n'en permet pas la continuité, aux Vaisseaux Français ; ils sont obligés d'établir une saison, & de faire faire aux produits l'échelle des Ports de France. Au contraire, les nouveaux Angleterriens, car ce sont eux encore que regarde la disposition de l'Arrêt du Conseil du 30 Août, pouvant aporter aux Colonies cet aliment de première nécessité peu de tems après qu'il est préparé, le livrent dans toute sa salubrité, & le livrent à bas-prix parce qu'il n'est point surchargé des frais indispensables de port & report, de déchargement & rechargement à quoi nécessite l'échelle des

Ports de France que font presque tous les produits de la pêche nationale.

Je sais que plusieurs fois il est arrivé dans nos Colonies des Navires venant directement des Isles Saint-Pierre & Miquelon. Et alors leurs salaisons de morue réunissaient au mérite de la fraîcheur, celui de pouvoir être livrées à meilleur marché, (*) ayant suporté moins de frais. Mais l'intérêt de la plupart des Armateurs ne leur permet point ces expéditions, & ce calcul est simple. D'abord les Bâtimens pour la pêche sont généralement très-petits. Le Capitaine d'un Navire assez grand pour importer dans les Colonies une pêche de deux mille quintaux de morue, la vendant 30 livres tournois le quintal, ne réaliserait

(*) C'est cependant ce qu'ils ne faisaient pas; leur prix était à-peu-près celui de la morue aportée de France, & dans le fait, ils n'auraient pu vendre au même prix que les Anglo-Américains, parce que les frais d'armemens en Europe, de station sur les Côtes de Terre-Neuve, & de séjour dans nos Colonies sont toujours infiniment plus considérables que ceux des Étrangers qui pêchent, pour ainsi-dire, à leur porte.

réaliserait qu'une valeur de soixante mille livres, il n'aurait donc que cette somme à employer en retour, & cependant la capacité de ce même Navire lui en eût permis un de plus de cent cinquante mille livres s'il eût aporté des matières d'échange plus précieuses, c'est-à-dire, une cargaison formée au Havre, ou à Bordeaux, ou même à Nantes.

Ce n'est pas tout; les Navires qui ont fait la pêche conservent dans leurs calles, en Amérique, une odeur indestructible & qui cause beaucoup d'avaries aux sucres & cafés qu'ils aportent en retour dans les Ports de France. Les passagers d'Amérique s'en servent aussi difficilement, parce qu'ils sont puants & petits. Ce sont sans doute ces causes réunies qui engagent presque tous les Armateurs à obliger leurs Navires de faire le retour de leur pêche dans les Ports de France.

En voilà, sans doute, plus qu'il n'en faut pour faire sentir à tout esprit non-prévenu combien l'admission de la morue étrangère est nécessaire à l'existence des Colonies; & que, ſi on revenait encore à l'erreur qui la fit proſcrire, on devrait s'attendre ou à les voir ſans ceſſe tranſgreſſer la Loi qui en dicterait la prohibition, parce que la néceſſité eſt la plus impérieuſe des Loix, ou à voir périr de faim la moitié des Cultivateurs de ces Contrées.

Je n'ajouterai plus qu'un mot ſur cet objet; indépendamment des raiſons d'humanité & d'intérêt direct qui ſollicitent l'admiſſion de la morue provenant des pêches étrangères, ſongeons que cet Article eſt regardé par les Anglo-Américains comme leur patrimoine, comme un héritage qu'ils tiennent de la nature & de leur poſition locale. Manifeſter de la part de la France l'intention de borner leur pêche, en en proſcrivant le débouché, ferait peut-être une opération comparable & pour l'inconſéquence & pour ſes ſuites fâcheuſes, à celles qui ont fait perdre au Gouvernement Britannique la Souveraineté & la poſſeſſion de ſes Colonies du Continent Américain.

LETTRE IX.

MONSIEUR,

Le riz, le maïs, les légumes, les cuirs verds en poil, ou tannés, les pelleteries, les résines & goudron sont les autres objets permis par l'Article II de l'Arrêt. Si le maïs & les légumes constituaient les seuls besoins de nos Isles pour lesquels on proposât d'admettre les Navires Étrangers, nul doute qu'il ne fût convenable de les exclure, vu les dangers d'une admission quelconque. Mais si l'introduction de la morue, du bœuf salé, des bestiaux, des bois, est jugée nécessaire, cet accessoire ne peut paraître susceptible d'aucun inconvénient, ni pour notre agriculture, ni pour notre navigation. La fourniture en soi & sa valeur, sont trop peu intéressantes pour mériter une exception.

Il en est de même des résines & goudron. Quant aux cuirs & pelleteries, ce ne sont point des objets de consommation pour nos Isles, & leur admission par les Anglo-Américains ne peut tourner qu'à l'avantage du Commerce de France, qui les trouvant là à très-bon compte, les exporterait en Europe.

Les Colonies ne sont pas également sans intérêt pour l'introduction du riz. C'est un comestible très-salutaire pour les Nègres malades, & pour ceux nouvellement exportés d'Afrique, qui ne sont point encore accoutumés à l'usage du *manioc*, & des diverses substances dont les autres se nourrissent. Dans ces alternatives très-fréquentes de sécheresse & de pluie, après ces ouragans plus ou moins violens, qui se font sentir à chaque hivernage dans quelques parties des Isles du Vent, il se trouve beaucoup d'habitations où les plantations de vivres sont entiérement dépéries, on y supplée alors par le riz quand on peut s'en procurer, & cette ressource a plusieurs fois servi à parer les malheurs que le dénuement de subsistances était sur le point d'opérer parmi les ateliers.

Quel est donc l'intérêt des Négocians des Ports-de-Mer à réclamer aussi contre cet objet? Il serait difficile de se le figurer, & ce qu'ils ont écrit à ce sujet n'a pas même l'apparence d'une objection. Voici ce qu'on trouve dans les Observations des Négocians de Bordeaux. Le transcrire ce sera suffisamment y répondre, de tels raisonnemens tombent d'eux-mêmes.

„ On sait bien que le riz ne croît point en „ France ; mais notre Commerce à cet égard „ a toutes les ressources nécessaires. Outre „ le riz qui nous vient du Levant & du Pié- „ mont, les Négocians des États-Unis de „ l'Amérique en envoient dans nos Ports. Si „ nous avons quelque intérêt à le recevoir, „ ils en ont, pour le moins, autant à nous „ le porter, parce que cela fait un objet „ d'échange aussi avantageux pour eux que „ pour nous. "

Ils disent ailleurs : „ Il n'est pas inutile „ d'observer ici que l'admission des riz dans „ nos Colonies favorisera beaucoup de frau- „ des. Les futailles de riz pèsent 500 liv. „ il sera très-facile à l'aide de ces futailles „ d'introduire des toileries qu'on y logera dans „ le milieu, & qui seront de tous côtés, dessus

„ & dessous, entourées ou recouvertes de „ riz, de sorte que pour découvrir la fraude, „ il faudrait faire verser le riz, & c'est „ une précaution qui sera impraticable aux „ Colonies."

COMBIEN ces Négocians ont une merveilleuse aptitude à voir, à soupçonner l'astuce! Point de bœufs salés en droiture d'Irlande, de peur que les Irlandais ne l'accaparent à la Dominique; point de riz de la Nouvelle-Angleterre, de peur que les Anglo-Américains ne glissent dans les futailles des ballots de toileries. Oh! que c'est adroitement raisonner, sur-tout quand il est de fait que ce ne sont point les bœufs d'Irlande dont on a favorisé l'introduction, & que les Anglo-Américains, qui seuls récoltent du riz & peuvent en fournir nos Colonies, sont bien loin d'avoir des toileries à revendre, puisqu'ils n'en ont pas à beaucoup près pour leur consommation, & qu'au contraire, ils chercheront à en exporter de nos Colonies, en échange des productions qu'il leur sera permis d'y aporter.

Je viens d'examiner successivement tous les objets dont l'introduction étrangère est permise par l'Arrêt du 30 Août. J'ai prouvé démonstrativement par une suite de faits que cette introduction est nécessaire aux Colonies, & sans aucun désavantage réel pour le Commerce de France, je pourrais ne point parler des farines, puisque cet Article n'est pas encore au nombre de ceux permis : mais les Négocians des Ports-de-Mer s'en étant déja occupés dans leurs Mémoires, sans doute par prévision, il ne sera pas hors de place d'en dire aussi quelques mots. Voyons d'abord un calcul qu'ont présenté les Députés du Commerce de Guienne, comme la preuve la plus victorieuse des avantages que rapportent à la France la fourniture exclusive de farines dans ses Colonies.

„ Il s'expédia du Port de Bordeaux seul, „ en 1776, cent-soixante-seize mille huit cent „ quatre-vingt-un barils de farine pour les „ Colonies; qu'ils y aient été vendus, l'un „ dans l'autre, pour 70 liv. argent des Colo- „ nies, ou pour un quintal de sucre blanc : „ que les 176,881 quintaux de sucre aient

„ été payés, rendus à bord de ses Navires, „ par l'Étranger qui est venu les enlever dans „ les Ports de France 55 liv. tournois cha- „ cun, l'Étranger aura payé réellement „ 9,728,455 liv.

„ CETTE farine qu'on nomme *minot*, est „ ce qu'il y a de plus pur dans le froment. „ Après qu'on l'en a extraite, ce qui reste „ de manducable a, comme somme d'alimens, „ autant de valeur qu'elle-même. Chaque ba- „ ril de farine est extrait d'environ 400 à 500 „ liv. de bled, qui à 15 liv. les 150 livres „ pesant, n'avaient que 45 liv. de valeur pri- „ mitive. Il n'y a donc de valeur réelle dans „ chaque baril de farine que pour 22 à 25 „ liv. & dans les 176,881 barils que pour „ 4,422,025 liv.

„ C'EST là tout ce qu'eût payé l'Étranger, „ si, contre le cours ordinaire des choses, „ ses besoins lui eussent fait tirer de nos bleds, „ qu'il ne reçoit alors qu'en nature; ou tout „ ce que nous eussions payé à l'Étranger, „ en recevant de lui en nature une quantité „ de bleds égale à celle exportée pour les

„ Colonies, si la disette en eût rendu le rem-
„ placement nécessaire.

„ Il y a toujours de plus la solde de
„ 5,306,430 liv. *en faveur de l'État*, & cette
„ solde que l'Étranger lui paie, se forme des
„ salaires dont le bled se surcharge, à com-
„ mencer du moment où il sort du grenier
„ du laboureur, jusqu'à celui où converti
„ en sucre, l'Étranger le reçoit dans son
„ vaisseau."

Il y a plusieurs choses à observer dans ces calculs. Ce qu'ils présentent d'abord de plus clair, c'est un bénéfice d'environ cent vingt pour cent que fait le Commerce, de son propre aveu, sur la fourniture des farines aux Colonies. Il est vrai qu'il faut déduire les frais payés aux meûniers pour établir le bled en minot. Mais d'un autre côté le baril de farine, dont ils ne portent le prix dans nos Colonies, qu'à 70 liv. argent des Isles, y est, depuis quelque tems, généralement vendus 96 liv. & même plus. Ensorte qu'il reste toujours un bénéfice à l'Armateur de cent pour cent, sur la farine, du moment qu'il l'achette jusqu'à celui où il revend le sucre qu'elle lui a produit. Rien n'est plus évident. Les minotiers (*) de Moissac, Nérac, Montauban, & autres, livrent à l'Armateur la farine, dite minot, au prix de 19 liv. 10 sols le quintal. J'ai vu les barils de farine en contenir 180 liv. pesant net. Mais, par un abus que les Marchands savent si bien établir insensiblement dans tous les objets de *jauge* qu'ils vendent aux Colonies, les barils de farine ne pèsent plus que 170 liv. net. D'où il s'ensuit qu'ils contiennent une valeur de 32 liv. 3 sols prix d'achat. Ce baril vendu aux Colonies au moins 96 liv. déduction faite du tiers pour la différence de l'argent, réalise aussi-tôt une valeur de 64 liv.

(*) La main-d'œuvre de ces Minotiers me paraît même plus chère qu'elle ne devrait être. Le prix du septier de bled de Paris, pesant 240 livres, est à 26 liv. A ce prix tous les meûniers du Royaume pourraient établir la farine de minot à 14 liv. 10 sols le quintal. Ceux de Moissac, &c. la vendent aux Armateurs de Bordeaux 19 liv. 10 sols le quintal. Et observez que, d'après le prix donné ci-dessus par les Députés du Commerce de la Province de Guienne, le bled ne s'y vend qu'à raison de 24 liv. les 240 livres pesant.

argent de france. Et, en vérité, un tel bénéfice sur un objet de première nécessité, sur le pain des Habitans des Colonies, pourrait bien être appellé Monopole, même d'après la définition de ce mot, qui suivant le Dictionnaire de l'Académie, signifie, *Abus de la faculté qu'on s'est procurée de vendre seul des marchandises, des denrées dont le commerce devrait être libre.*

Ce bénéfice notoire & avoué par les Négocians eux-mêmes, comme on vient de le voir, s'accorde mal avec les plaintes qu'ils font sans cesse sur les pertes qu'ils prétendent essuyer dans leur Commerce d'Amérique, & qu'en examinant de près on trouverait généralement aussi mal fondées pour tous les objets que pour celui des farines. Mais laissant-là le sort de l'individu dans ses opérations mercantiles, faisons voir que la solde de 5,306,430 liv. que les Négocians des Ports-de-Mer retirent des Colonies pour l'excédent des valeurs en farines qu'ils y ont envoyées, n'est point, comme ils le glissent adroitement, *en faveur de l'Etat*, mais bien en leur faveur seulement, & même au détriment de l'*Etat.*

Si c'était chez une Puiſſance rivale, ou ennemie que les Marchands de farine euſſent porté une valeur de quatre millions pour en retirer une de neuf, l'État aplaudirait ſans doute à leur adreſſe, ſur-tout ſi cette valeur opérant une ſolde de 5, l'opérait en matières ſuſceptibles d'être vendues à l'Étranger, qui la payerait en définitif par l'acte de ſa conſommation. Mais tout cet avantage n'eſt plus qu'illuſoire pour l'État, dès que ce Commerce n'eſt fait par quelques-unes de ſes Provinces qu'aux dépens des autres. Or, c'eſt uniquement aux dépens des Colonies que les Marchands de farines trouvent à vendre à l'Étranger cette ſolde de cinq millions, & pour le faire voir ſuivons leur raiſonnement. Ils s'aplaudiſſent, en ſuppoſant le baril de farine livré pour un quintal de ſucre, d'avoir changé quatre millions contre neuf : qu'ils le ſuppoſent livré pour deux, pour trois, pour vingt quintaux, (& cette ſuppoſition s'eſt réaliſée plus d'une fois) leurs quatre millions leur en rendront dix-huit, trente; ils abſorberont même toute la maſſe des productions des Colonies. Sera-ce alors une opération bien avantageuſe pour l'État ? Ils n'oſeraient répondre par l'afirmative ; eh bien ! ils font cependant le même mal en proportion de leurs bénéfices sur les quatre millions de valeur première qu'ils ont portés aux Colonies.

Je dis le même mal, car c'en est un réel pour l'État. Son avantage n'est point dans les bénéfices que font ses sujets entr'eux par l'action de leur industrie, son bénéfice est seulement dans l'augmentation de la masse des productions : voilà le seul vraiment reversible à l'État. Tous les autres ne sont que des subvisions multiformes, & subordonnées à ce seul but de toute Administration bien entendue, qui ne doit s'occuper que de régler les différentes combinaisons de ses Sujets de manière qu'elle réprime celles qui trop avantageuses à telle portion d'individus, seraient trop ruineuses à telle autre, & empêcheraient celle-ci de tirer du sein de la terre toute la somme de productions dont elle serait susceptible. Car alors l'État se trouverait véritablement lézé & apauvri de tout ce que naturellement le sol de ses possessions aurait produit de denrées, s'il y eût eu plus d'égalité dans les échanges que ses Sujets ont faites entr'eux.

Et ceci n'est point une simple spéculation c'est le fait; c'est exactement le résultat du trop haut prix de cette fourniture de farines dont se vantent les Négocians des Ports-de-Mer. Rendons-le sensible à l'esprit le plus inattentif. Je suis Colon de Saint-Domingue, par exemple: vous m'aportez du pain & vous me le vendez fort cher, c'est bien fait pour vous, sans doute; mais si vous exigez de moi un quintal de sucre pour un baril de farine, n'est-il pas évident que ma subsistance me devient plus coûteuse de moitié que si vous vous contentiez d'un demi-quintal; que, dans ce dernier cas, le demi-quintal qui me serait resté m'eût servi à me procurer d'autres objets & que je l'eusse employé à étendre les forces exploitantes toujours trop faibles sur une habitation; que ne le pouvant plus, parce que mon premier besoin est de vivre, & que pour le remplir il m'a fallu vous donner une trop forte portion de mes produits; lorsque votre haut prix dévore l'épargne que j'eusse faite à un prix plus égal, vous avez voué à la stérilité, à l'inaction, un sol que j'aurais fructifié si vous, impitoyable Fournisseur, ne m'aviez absorbé par votre premier échange les moyens que j'eusse consacrés à en tirer de nouvelles matières ?

D'ailleurs, qu'à donc fait le Négociant de Bordeaux en tirant des Colonies, suivant son calcul, cent soixante-seize mille quatre-vingt-un quintaux de sucre blanc pour autant de barils de farine ? Il les a colportés des rivages de nos Isles sur les rives de la Garonne : mais n'est-ce pas un peu cher que de prendre cent pour cent pour ce métier ? & non point aux Étrangers comme le prétendent les Députés dans la bribe de leur Mémoire que j'ai citée plus haut, mais bien aux Colons ; car le prix de 55 liv. le quintal de sucre qu'ils disent que l'Étranger leur payera, eût également subsisté, lors même que les 176,881 quintaux fussent arrivés au Port de Bordeaux chargés seulement à fret. Ainsi le bénéfice de l'échange des farines n'est nullement suporté par l'Étranger ; or il existe, il faut donc qu'il le soit par le Colon : & s'il l'est d'une manière ruineuse pour le Colon, celui-ci paraîtra toujours, à des yeux non-prévenus, fondé à désirer les moyens de ne le plus suporter.

Ces moyens sont à sa porte ; les États-Unis d'Amérique sont encore placés ici par la nature pour fournir un objet de consommation qu'ils peuvent livrer à un prix infiniment au-dessous des regnicoles : il serait d'environ 30 livres, argent des Isles le baril : lorsque le Négociant de Bordeaux vendrait le sien, supposons 70 liv. (comme il le dit, & non comme il le fait,) voilà les deux tiers d'économie sur la subsistance des Colons ; cette économie serait certainement employée par eux à une augmentation de ces productions d'un prix incomparablement plus lucratif pour l'État que la vente de bleds qui ne l'embarassent jamais, & dont la surabondance doit même être suspectée, puisqu'il en tire souvent de l'Étranger pour sa consommation intérieure.

Finissons cet Article, sur lequel il y aurait trop de choses à dire, par reconnaître que l'État ne gagne rien à la consommation exclusive des farines dans ses Colonies ; que ce sont seulement quelques-uns de ses Sujets qui bénéficient aux dépens des autres, mais que bénéficiant trop ils nuisent à la somme totale

totale des productions précieuses que les consommateurs de productions de moindre prix mettent dans le Commerce, & qu'il est mal-à-droit de diminuer la quantité possible des sucres qu'on eût vendus à l'Étranger, qui seraient par conséquent tout bénéfice, pour vendre une quantité quelconque de bleds, beaucoup trop cher à des Nationaux; car enfin, les Colons de nos Isles sont Français, & le Commerce dans ses spéculations paraît l'avoir trop souvent oublié, puisqu'il ne s'aplaudit que lorsqu'il les a traités en ennemis.

J'AJOUTERAI à tout cela une Observation qui pour n'avoir encore été faite, je crois, par personne, ne m'en paraît pas moins importante : ne voyons ici ni comme Agriculteur, ni comme Commerçant, voyons la chose en grand & dans le point d'optique de l'Administration. Pour juger sainement l'opération du Négociant qui se glorifie d'avoir changé une valeur de quatre millions de bled contre une valeur de neuf millions de sucre, réduisons-là au simple Acte d'échange. Quel est-il autre chose qu'une valeur excessive donnée au bled, & le rabais, en raison inverse, de la denrée contre laquelle on l'a échangé? Or, n'est-il pas contre tout principe d'Administration de rabaisser la valeur d'une denrée qu'on vend à l'Étranger, pour rehausser celle dont on fait la consommation chez soi-même?

LETTRE X.

MONSIEUR,

Nous venons d'examiner chacun des objets que l'Arrêt du 30 Août 1784, a permis aux Navires Étrangers d'importer dans les Colonies Françaises. Nous avons vu que les principaux sont d'une nécessité indispensable, parce qu'une longue suite de faits nous ont prouvé que le Commerce de France, malgré ses imprudentes assertions, n'a jamais pu les fournir ni en quantité suffisante, ni à un prix suportable. Nous avons vu encore que ces fournitures étrangères ne feront aucun tort aux denrées que la Métropole tire de son sol, & que les vins auront toujours le même débouché, parce qu'ils seront toujours nécessaires aux Anglais, indépendamment du prix auquel pourront tomber les salaisons de bœufs d'Irlande.

Voyons maintenant si les plaintes des Négocians des Ports-de-Mer sont mieux fondées sur les objets que l'Étranger pourra exporter des Colonies, & relatons d'abord la disposition de l'Arrêt qui les spécifie.

Article III. *Il sera permis aux Navires Étrangers qui iront dans les Ports d'Entrepôt, soit pour y porter les marchandises permises par l'*Article II, *soit à vide, d'y charger pour l'Étranger, uniquement des sirops & tassias, & des marchandises venues de France.*

Les Négocians des Ports-de-Mer se sont agités en tout sens pour attaquer cette disposition. Leur argument le plus général a été que les sirops & tassias ne pourraient pas suffire à payer les importations, & qu'il faudrait nécessairement que les denrées précieuses des Colonies, comme sucre, café, indigo, s'écoulassent en contrebande, & pour payer la solde qu'elles redevraient à l'Étranger, & sous prétexte de cette solde.

Pour donner un air de vraisemblance à cette objection, ils ont rabaissé des deux tiers la quantité des sirops & tassias que peuvent faire nos Isles, & augmenté de moitié la valeur des fournitures qu'elles recevraient de l'Étranger.

LEUR dernier Écrit, intitulé *Observations sommaires* (*), estime quarante millions les importations de l'Étranger, actuellement permises, sans compter les farines; & six millions, seulement, la valeur des tafias & sirops de nos Colonies. Rectifions d'abord ce dernier calcul; les détails dans lesquels je vais entrer serviront à rendre plus sensible la nécessité d'assurer un débouché à ces objets, dont ne se peut charger le Commerce de France.

L'EXPORTATION habituelle du sucre de Saint-Domingue est à-peu-près chaque année de 1,500,000 quintaux; 600,000 quintaux en sucre blanc, & 900,000 quintaux en sucre brut.

(*) Cet Écrit qui vient de paraître depuis que celui-ci est sous presse, m'a semblé un sommaire d'erreurs, & de conséquences bien singulières. On finit par y réduire toute la question à cet argument trivial, & qui fut de tout tems le prototype de l'erreur. *Les Colonies ont bien existé depuis 1727, sous un régime prohibitif, donc en le continuant elles existeront bien encore.* Que doit-on penser d'une cause que ses partisans soutiennent par un tel raisonnement?

Le quintal de ſucre blanc donne cinq veltes, & plus, de ſirop. Ainſi le produit total de cette eſpèce de ſucre eſt au moins de . . . . 3,000,000 veltes.

Le quintal de ſucre donne, au moins, quatre veltes, d'où réſulte une quantité de . . . 3,600,000

Total 6,600,000

La velte de ſirop eſt communément payée par les Américains 40 ſols, & elle a été portée fort au-deſſus depuis quelques années. En la fixant au moindre prix, la vente s'élève à . . . . 13,200,000 livres.

Voilà pour Saint-Domingue ſeul. Prenons pour l'eſtimation des ſirops & taffias des Isles du Vent, le tiers de ceux de Saint-Domingue, d'autant que c'eſt la proportion ordinaire des productions reſpectives. Ces Isles auront à vendre chaque année en ſirop & taffias pour . . . . . . 4,400,000 livres.

ce qui forme enſemble une ſomme de . . . . 17,600,000 livres.

Ce calcul exact prouve mieux que tous

les raisonnemens les dommages qu'ont souffert les cultures des Colonies lorsque la prohibition a été rigoureusement observée, & ceux qu'elles souffriraient encore si le vœu du Commerce pour le maintien de cette prohibition pouvait derechef être accompli. Forcés de reconnaître qu'il n'est pas possible de laisser dans l'abandon une denrée dont ils dissimulent cependant l'importance, les Négocians des Ports-de-mer ont imaginé d'entreposer les sirops & tassias à Saint-Pierre & Miquelon, où les Anglo-Américains, les seuls Peuples chez qui soit établie la consommation de cette denrée, viendraient les chercher. Quelques Chambres de Commerce proposent aussi de les admettre dans le Royaume, soit en entrepôt, soit même avec la liberté accordée aux Négocians de les vendre aux Nationaux, ou aux Étrangers.

L'ENTREPÔT à Saint-Pierre & Miquelon est impraticable. Comment, en effet, s'opéreraient les transports? Ce ne peut pas être par des expéditions directes de nos Isles; les lenteurs de la Navigation & le défaut d'objets de chargement pour les retours, les rendraient évidemment ruineuses. Ce ne peut pas être, non plus, par les Bâtimens des ports de France revenant de l'Amérique; la richesse ordinaire de leurs chargemens, les frais & les dangers d'une telle relâche écartent absolument toute idée de semblables opérations. Ce ne serait pas enfin, par des Armemens faits dans le Royaume; cette voie supposerait l'entrepôt des sirops & tassias existant dans nos Ports : alors ils seraient immédiatement livrés aux Anglo-Américains, & l'interposition de Saint-Pierre & Miquelon serait sans objet.

Quant à l'autre proposition de quelques-unes des Chambres de Commerce d'admettre directement dans les Ports de France les sirops & tassias des Isles à sucre; elle ne me paraît pas susceptible d'un meilleur effet. Quel prix obtiendraient-ils en Europe où la consommation en est encore inconnue? Quel prix nos Négocians pourraient-ils offrir en Amérique d'une telle denrée qui tient un grand encombrement, & qui aurait à supporter outre les inconvéniens des avaries, & du coulage considérable & inévitable dans un trajet de long cours, les charges d'un transport cher, les frais de Magazinage, de Commission, &c. & ceux d'un double transport & de doubles frais dans le cas où la revente à l'Étranger aurait lieu ? C'est par une suite d'inconvéniens, de charges infiniment moindres, que les entrepôts établis en 1767 à Sainte-Lucie & au Môle Saint-Nicolas n'ont point eu l'effet qu'on en avait espéré, & que l'Administration locale a toujours été forcée de tolérer la contrebande pour opérer en partie la vente de ces productions.

Quoi ! n'est-ce donc pas un heureux état des choses, une espèce d'assortiment naturel que ces productions inutiles au Commerce de France, que ces sirops & taffias dédaignés par lui, puissent être employés par les Colonies à payer à l'Étranger des objets de nécessité première que lui seul peut leur fournir à propos, à bas prix, & en quantité suffisante ?

Mais la balance des échanges ne sera pas exacte, disent les Négocians ; les fournitures de l'Etranger seront incomparablement plus considérables, que les Colons n'en pourront payer avec leurs firops & taffias, ils feront forcés d'y suppléer, ou en argent, ou avec les denrées précieufes qui font comme le patrimoine du Commerce de la Métropole, & ces verfemens frauduleux, cet écoulement criminel fe feront avec la plus grande facilité, puifque fix à fept entrepôts feront maintenant ouverts au Commerce étranger.

Répondons à tout ceci, & calculons encore. J'ai prouvé plus haut que la vente des firops & taffias à un prix modique, s'éleverait au moins à 17,600,000 liv. voyons en l'emploi. 200,000 quintaux de morue verfés annuellement dans nos Isles, par le Commerce des Etats-Unis, fuffiraient pour y jeter l'abondance de cette denrée. Au prix moyen de 27 liv. le quintal (& elle tomberait au-deffous), voilà 8,100,000 liv. que payeraient les firops & taffias, dont il refte encore une valeur de 9,500,000 liv. voyons-en l'emploi poffible. Cinquante mille barils de bœufs falés formeront à-peu-près la maffe de ce qu'en pourraient confommer les Colonies, avec la concurrence de ceux apôrtés par le Commerce de France, qui quoique d'un prix plus haut, ne resteraient point sans acheteurs, étant généralement mieux préparés; je suppose, en outre, une quantité suffisante de morue. Ces cinquante mille barils à 60 liv. chacun (je les ai vus à 50) feraient six millions. Il reste encore 3,500,000 liv. somme à-peu-près suffisante pour payer les bois, le merrein, & les bestiaux vivans qu'aporteraient les Anglo-Américains.

Je veux même qu'elle soit trop faible, ce sera au plus de deux ou trois millions; mettons de dix, en renforçant la quantité de tous les objets d'aport; & tant mieux pour les Colonies qui auront des comestibles en abondance, & tant mieux pour le Commerce de France: c'est à lui à fournir cette solde; qu'il aporte aux Colonies les marchandises qui produites réellement par la France, doivent faire la véritable base de son Commerce dans tous les Pays du monde; ses vins, ses eaux-de-vie, ses savons, ses huiles, ses toiles, les étoffes de ses Manufactures, ses bijoux. Les Habitans des Etats-Unis manquent de tous ces objets. Etant arrivés aux Colonies pour se défaire des productions de leur sol, ils se croiront heureux de trouver sous leur main & de raporter dans leurs Pays par une Navigation prompte, une multitude d'objets de première nécessité pour eux.

VOILA une nouvelle voie ouverte aux nombreuses spéculations des Négocians des Ports-de-Mer ; & il ne faut pas craindre qu'elle ait peine à s'effectuer : elle est fondée sur la nature des choses, & sur l'état politique actuel de l'Amérique entière ; elle ne peut manquer d'avoir lieu ; elle offre dès à présent la plus brillante perspective, si de fausses notions ne viennent pas l'obstruer d'avance ; ici point d'avantages & de désavantages à combiner, point de pertes à craindre, point de calculs à contrarier, point de résultats à comparer, le Commerce de France vendra certainement parce qu'aucune Nation ne pourra entrer en concurrence avec lui ; les Nouveaux-Angleterriens acheteront parce qu'ils auront besoin des objets des Manufactures, & des vins de France, nos Isles deviendront leur marché général, parce que, par les positions Géographiques des Etats-Unis & des Colonies

Françaises, telle est l'indication de la nature, tel est le vœu de leurs besoins réciproques; vouloir les contrarier par des Loix toujours mal exécutées, c'est tourmenter les uns & les autres; c'est provoquer la transgression; c'est, non point aliéner le cœur des Colons, cela est impossible, les erreurs du Gouvernement sous lequel ils vivent peuvent les vexer sans altérer leur attachement pour lui; ils s'en plaignent, mais ne s'en prennent qu'à ceux qui, par leurs perpétuelles suggestions, l'on fait errer dans cette partie, & n'en sont pas moins persuadés des dispositions bienveillantes d'une Administration qui leur sera toujours chère.

MAIS les Habitans des Etats-Unis, ces Peuples nouvellement émancipés, chez qui une suite constante de services importans n'a pas encore entiérement changé le vieux levain, c'est-à-dire, déraciné cette antique haine du nom Français succée avec le lait par tout ce qui porta le nom Anglais; s'ils se voient répoussés de leurs Alliés, de leurs Protecteurs, n'iront-ils pas porter à la Jamaïque les productions surabondantes de leur Pays? Et, prenez garde, Négocians des Ports-de-

Mer, en les réduisant à ce parti par vos Loix prohibitives, vous renverserez d'un seul coup tout l'édifice de la politique du Gouvernement Français depuis dix ans : vous rendrez même dérisoire la dernière guerre qu'il a entreprise & soutenue pour l'indépendance des Anglo-Américains, vous sécherez dans leur germe les fruits de l'alliance avec eux, & ceux de la paix. Oh! que vous ferez de mal, sur-tout à la génération future!

Si j'étais Habitant de Boston, ou de Philadelphie, & que, venu en France, je pusse voir une fois ce Monarque protecteur, libérateur de mon Pays, je demanderais la permission de me jeter à ses pieds, & là je lui dirais, „ O vous, qui n'avez point combattu pour des conquêtes; ô vous, qui „ n'avez étendu votre bras puissant sur le „ continent de l'Amérique que pour son bon„ heur & sa liberté, ne souffrez point qu'on „ détruise votre ouvrage. En nous aidant à „ secouer le joug d'une Métropole opressive, „ c'était nous autoriser à exercer le droit „ d'exister & par nous & pour nous. Vous „ ne nous avez pas voulu libres pour nous

„ voir, languiſſant dans la miſère, diſparaître „ peu-à-peu de la ſurface du globe, ou du „ moins perdre toute exiſtence politique, „ faute d'un Commerce qui eſt l'âme des „ Etats poſſeſſeurs d'une grande étendue de „ Côtes. Et cependant, ſi vous donnez des „ ordres pour que nous ſoyons ſévèrement „ proſcrits des rivages de vos Colonies, où la „ réciprocité de beſoins nous appelle d'une „ manière ſi impérieuſe, le bienfait de la „ liberté que vous nous avez procurée de- „ vient un malheur réel : le miel ſe change „ en abſinthe, & l'aigreur qu'inſpire un eſpoir „ fruſtré prendra peut-être chez mes compa- „ triotes la place de la reconnoiſſance ; par- „ donnez, Prince Auguſte, pardonnez un „ tel aveu : peut-être ſuis-je indiſcret de le „ faire, je ſerais criminel ſi je l'avais diſſimulé.

Je n'ajouterai rien à ce peu de lignes, il eſt facile à tout le monde de ſuivre les ré- flexions qu'elles inſpirent & de ſentir que la nouvelle forme politique d'un Peuple actif, induſtrieux, Commerçant, & voiſin des Co- lonies Françaiſes, doit néceſſairement deman- der une nouvelle forme dans le Commerce de celles-ci, & influer dans les combinaisons qui peuvent lui assurer un avantage qui, pour être permanent, ne doit point être forcé. Revènons à l'Article des sirops & taffias.

FRAPÉ de la nécessité de les exporter des Isles à sucre & d'aprovisioner celles-ci des comestibles & des bois dont le Commerce de la Métropole les a laissés manquer tant de fois, & combattu en même tems par la crainte de donner trop d'extention au Commerce d'un Peuple dont, quoique notre Allié, l'avantage ne peut être cherché aux dépens du nôtre, un de ces Esprits sages & éclairés, dont l'avis sur ces matières est sans doute précieux à l'Administration, a imaginé parer à tous les inconvéniens, remplir toutes les vues, & concilier tous les partis en proposant, au lieu de recevoir l'Anglo-Américain dans les Ports de nos Colonies, de l'aller chercher dans les siens; que des Armemens expédiés de nos Isles à sucre en exportent les sirops & taffias, & les marchandises sèches que fournit le Commerce de la Métropole, & qu'ils raportent en retour dans ces mêmes Colonies les comestibles & les bois dont elles ont

ont besoin. Citons le propre énoncé de son systême pour mieux faire voir ce qu'il a de séduisant.

„ AUTORISONS, a-t-il dit, *l'écoulement des* „ *sirops & tassias par des Bâtimens qui seront* „ *directement expédiés de nos Isles vers l'A-* „ *mérique Septentrionale, & qui en raporteront* „ *les objets permis; encourageons même, s'il* „ *le faut, ces expéditions par une petite prime* „ *qui compense la différence des frais entre les* „ *armemens des Américains & les nôtres.* Alors „ nul motif n'existera pour la contrebande, „ ni de la part du Colon, qui ne serait pas „ aprovisionné à meilleur compte par l'É- „ tranger, ni de la part de l'Étranger qui „ à cause de ses risques aurait perdu l'avan- „ tage de la concurrence. Alors notre pêche „ recevra toute l'extension dont elle est sus- „ ceptible & produira pour notre Marine „ tous les effets précieux que nous pouvons „ en attendre. Alors les communications né- „ cessaires avec l'Étranger s'opéreront sans „ danger, ou avec des dangers infiniment „ moindres; alors les Colonies dont la des- „ tination sera aussi complettement remplie

„ qu'elle peut l'être, auront ſur la proſpérité
„ du Royaume toute l'influence que le Gou-
„ vernement s'en eſt toujours propoſé, &
„ qu'il a un ſi grand intérêt de maintenir &
„ d'accroître; alors notre Navigation portée
„ au dégré qu'un Commerce auſſi étendu
„ comporte, & d'ailleurs aidée de ſes autres
„ reſſources, ſoutiendra la Marine Royale,
„ qui ne peut exiſter ſans flottes marchandes;
„ alors la France reprendra ſur les autres
„ Nations le rang que la nature lui a aſſigné,
„ & que des erreurs ſeules ont pu lui faire
„ perdre.

Que ne puis-je, en réprimant le commandement intime & ſecret d'une conſcience établie ſur la connaiſſance exacte des lieux & des faits, & ſur de longues méditations, me livrer auſſi à tout ce que ce ſyſtême vraiment patriotique préſente d'avantages apparens : mais plus ſa théorie flateuſe ſemble en réunir, plus il ſerait dangereux de ne pas dire ici avec franchiſe, mais avec douleur, que l'exécution en ſerait à-peu-près impoſſible, & qu'ainſi l'Adminiſtration en l'adoptant ne remplirait aucunement le but eſſentiel qu'elle s'eſt proposée. Il n'est malheureusement que trop aisé de le prouver par l'examen des moyens que l'estimable Auteur de ce plan a cru devoir en assurer l'exécution.

„ Trois moyens, a-t-il dit, doivent naturellement concourir aux communications „ nécessaires avec les États-Unis pour les „ parties d'approvisionnement auxquelles le „ Royaume ne peut pas pourvoir par ses „ propres ressources.

„ 1°. Entre les Bâtimens expédiés de „ nos Ports pour l'Amérique Septentrionale, „ il y a lieu de penser qu'un assez grand „ nombre sera destiné à prendre dans ces „ Contrées des chargemens de morue, de „ bois, & de bestiaux, pour les porter dans „ nos Isles, d'où les retours en Europe se „ feront en denrées Coloniales. Ces spécula- „ tions, avantageuses en soi, feront d'ailleurs „ excitées par la prime dont nous parlerons „ bientôt : double attrait qui tendra, à la „ fois, à augmenter nos relations avec les „ Américains, & à mettre en plus grande „ activité dans cette partie, notre Navigation

„ que la différence des frais réduirait autre-
„ ment à des bornes très-étroites.

Avant de passer au second moyen, faisons voir l'illusion de celui-ci.

Un Vaisseau expédié de France pour les Ports des États-Unis, & chargé de marchandises manufacturées, n'y trouverait pas, à beaucoup près, dans un chargement complet des productions aproprićes aux besoins de nos Colonies, de quoi payer celles qu'il aurait aportées, il resterait donc créancier des Américains; chaque Vaisseau se trouverait dans le même cas. Où prendrait-on des Vaisseaux Français pour aporter dans nos Isles le volume énorme d'animaux vivans, de morues, de bois de toute espèce capable d'éteindre ces créances par voie d'échange?

Un Navire Français ayant versé une cargaison de cinquante mille écus à Boston, par exemple, n'y pourrait charger qu'une valeur de vingt mille livres au plus, en retour pour nos Isles, à cause du peu de valeur intrinsèque des objets qui le composeraient; la solde des 130 mille livres restant dû prix de sa cargaison ne pourrait même s'opérer ni en argent, ni en papiers; en argent? Le peu de numéraire répandu dans ces Contrées, ne le permet pas : en papiers? Nul ne s'acquitte réellement qu'autant qu'il possède de quoi retirer ces effets en fournissant un payement réel. C'est ce qui dans l'état actuel, & sans doute pour long-tems, paraît évidemment impossible entre la France & les Anglo-Américains. Leurs besoins sont trop nombreux, & les productions de leur Pays sont en général, trop volumineuses & de trop peu de valeur. D'ailleurs la France & ses Colonies n'ont pas besoin d'une quantité de ces productions suffisantes pour répondre à la masse des objets manufacturés, dont l'Amérique Septentrionale éprouve le besoin actuel.

L'Armateur Français ne verrait donc dans cette expédition que l'alternative d'être très-gros créancier dès la première opération d'échange; & de l'être long-tems; ou de borner sa cargaison à une valeur six ou sept fois inférieure à celle qu'aurait pu contenir son Navire s'il eût été directement expédié pour les Colonies Françaises. Il serait donc excusable de ne point tenter cette voie qui le ruinerait infailliblement. D'autant que cette échelle l'entraînerait souvent à une prolongation de séjour, & par conséquent de frais, dans les Ports des Anglo-Américains, pour se procurer la défaite de sa cargaison : car enfin pourrait-il se flatter d'une vente toujours prompte dans un Pays où toutes les Nations, & sur-tout les Anglais, aportent à l'envi des marchandises de même espèce que les nôtres, quelquefois meilleures, & à meilleur marché? Il n'y a véritablement que nos vins, & nos eaux-de-vie, nos huiles & nos savons dont on doive espérer le débit rapide, parce que ce sont les seuls articles par-tout à l'abri de la concurrence.

Tout ceci rend donc évident que si les Négocians des Ports-de-Mer offraient eux-mêmes de porter directement nos marchandises manufacturées dans les Ports des États-Unis, & de prendre en retour des objets d'aprovisionnement pour nos Isles, ces offres devraient être rejettées comme insidieuses, ou tout au moins comme impossible à être réalisées.

Mais, en ſuppoſant les engagemens les plus formels de la part de ces Négocians, & des meſures priſes par le Gouvernement pour leur exécution; les expéditions directes des Ports de France pour le Continent Américain ſe ſuccéderaient-elles aſſez exactement, aſſez rapidement pour que les aproviſionnemens de nos Colonies précédaſſent toujours le moment du beſoin, ſur-tout pour l'Article des comeſtibles : on ne peut guère raiſonnablement ſupoſer un concert général entre nos Armateurs, pour des départs ſucceſſifs &, pour ainſi-dire, réglés. Les Colonies ſe trouveraient donc encore par ce moyen expoſées, & peut-être plus fréquemment encore, à ces diſettes extrêmes de vivres qui les ont tellement tourmentées dans tous les tems, que j'y ai compté onze époques de famine dans douze années de pleine paix. (*)

Voyons maintenant ſi l'on pourrait avoir plus de confiance dans le ſecond des moyens ſur leſquels ſe fonde le ſyſtême que j'examine.

(*) Que ce fait ſerve de réponſe à ces Écrivains téméraires, qui ont oſé dire, que les *Colonies prenaient ſouvent le cher prix pour la diſette.*

„ 2°. Nos Navires sont obligés dans les „ Colonies d'attendre plusieurs mois leurs „ retours, soit par la lenteur des ventes, „ soit par celle des recouvremens. Cet in- „ tervale très-onéreux aux Armateurs sera „ mis à profit par le cabotage vers l'Amé- „ rique Septentrionale pour les objets per- „ mis ; & indépendamment des bénéfices qui „ en résulteront, nous conserverons nos Ma- „ telots que la malignité du climat & la „ désertion nous enlèvent en si grande quan- „ tité. "

Tous ceux qui connaissent le genre de Navigation, & la manière-d'être des Navigateurs du Commerce des Ports de France vers nos Colonies, regarderont ce moyen comme impraticable en général. Je n'ignore pas que quelques Bâtimens ont fait cette opération pendant les premiers troubles des Anglo-Américains, avant les hostilités entre la France & l'Angleterre. Mais ces Bâtimens, en très-petit nombre, n'ont raporté, ni morue, ni bois, ni bestiaux dans les Colonies; le tabac & l'indigo, alors à vil prix dans les Ports des États-Unis, formaient l'objet de leurs ſpéculations, ainſi cet exemple ne peut abſolument rien prouver, & ne raſſure en aucune manière contre les obſtacles de toutes ſortes que, même avec la meilleure volonté du monde, éprouveraient les Armateurs s'ils ordonnaient à leurs Capitaines ces ſortes d'expéditions qui, d'ailleurs, exigeraient des frais conſidérables qui ne feraient jamais couverts par les retours. Ajoutons que tout ſéjour des Bâtimens Français dans les rades de nos Colonies n'y eſt preſque jamais complettement oiſif. Un Navire qui fait ce qu'on appelle ſix mois de *planche*, c'eſt-à-dire, le tems qu'il reſte depuis ſon arrivée juſqu'à ſon départ, paſſe un mois à ſe décharger, enſuite viennent les réparations plus ou moins conſidérables; & deux mois avant le départ on commence le rechargement. Cependant une partie de l'équipage eſt occupée à porter dans quelques Quartiers éloignés des objets de la cargaiſon dont un Capitaine intelligent eſpère obtenir un meilleur débouché qu'au Chef-lieu. Il eſt donc encore impoſſible de compter par cette voie ſur aucun aproviſionnement pour nos Colonies.

Le troisième moyen du plan que je combats & regrette, paraît d'abord, d'une exécution plus vraisemblable que les autres. Voici comme il est présenté.

„ 3°. Par la faculté donnée aux Colo-
„ nies d'exporter les sirops & tassias, & d'al-
„ ler chercher la morue, les bois & les bes-
„ tiaux dont elles auront besoin, il s'établira
„ nécessairement une Marine Coloniale. Le
„ double effet de cet Établissement sera de
„ ménager aux Escadres des ressources en
„ tems de guerre; & en tems de paix des
„ secours toujours certains aux Colons qui
„ seront ainsi prémunis contre l'inaction où
„ le Monopole du Commerce de France qu'ils
„ paraissent tant apréhender "

Ah! si en effet cette Marine Coloniale pouvait se réaliser aussi subitement qu'elle a été conçue, quels jours brillans, quelle splendeur n'en résulterait-il pas pour les Colonies; abondance de vivres, économie considérable à consacrer à l'Agriculture, nouveaux produits en résultant, c'est alors, oui, c'est alors qu'elles s'éleveraient rapidement au plus haut degré de ſplendeur pour elles-mêmes, & par conſéquent d'utilité pour la Métropole, par le retour intègre de toutes leurs riches productions! Mais hélas ! je n'embraſſe ici qu'une chimère, & il faut une réalité.

Cette Marine Coloniale, fût-elle un jour poſſible, ne ſaurait ſe former qu'avec lenteur, & il s'agit de ſubſiſtances, il faut des ſecours prompts & des moyens certains. Le prix des Armemens dans les Ports de nos Colonies ſerait par celui des matières à ce employées, & par celui des gages des équipages, deux ou trois fois plus fort que les Armemens faits dans les Etats-Unis où tout ce qui leur eſt néceſſaire abonde. Cependant ne pouvant exporter, comme eux, que les ſirops & taſſias, & rapporter que des bois & beſtiaux (car l'Auteur du ſiſtême a cru devoir s'élever contre l'admiſſion du bœuf ſalé, & à plus forte raiſon des farines) les Armateurs de ce cabotage ne pourraient que perdre cent pour cent dans un Commerce où les Anglo-Américains les auraient gagnés.

Mais, dira-t-on, les Colonies, la Martinique sur-tout, ont dans les différentes guerres armés une multitude de Corsaires dans leurs Ports; les mêmes moyens d'expédition subsistent & rendent possible la Marine Coloniale en tems de paix.

La différence est grande. En tems de guerre on arme des Corsaires à quelque prix que ce soit, pourvu que l'on se procure la carcasse & les agrêts d'un bâtiment quelconque, n'importe les frais, quand il s'agit de voler regarde-t-on à la dépense? en outre, les gages des équipages ne coûtent rien, Capitaine & Matelots sont engagés sur l'espoir de la part des prises qui forment l'objet de la spéculation de l'Armement.

Mais, dira-t-on encore, souvent, dans ce dénuement total de comestibles où le Commerce de France laissait fréquemment les Isles du Vent sur-tout, soit après les ouragans, soit par d'autres causes, les Chefs de l'Administration de ces Colonies (qui, comme le Gouverneur Anglais dont j'ai déja parlé, ne croyaient pas non plus qu'elles leur fussent confiées pour les voir dévotieusement immolées aux Loix prohibitives), obtempérant aux circonstances, permettaient, ou toléraient, l'expédition de bâtimens de leurs Ports pour aller chercher des farines chez les Nouveaux-Angleterriens. Donc ces expéditions sont possibles & lucratives, puisque des Négocians (*)

(*) Plusieurs de ces Négocians ne s'en sont pas bien trouvés. Il ne sera peut-être pas inutile de raporter à ce sujet l'exemple récent de M. *Badrou*, Négociant à la Martinique, qui par le fait d'une loi perpétuellement en contradiction avec les circonstances, a vu cruellement compromis son repos & sa fortune.

Au commencement de 1784 la Martinique était menacée d'une disette de farine. Il expédie trois bâtimens pour en aller chercher à Philadelphie; un des trois ayant mis dans son voyage plus de célérité que les autres, arrive & raporte du pain, il est bien reçu: cependant onze Navires Français paraissent presqu'à la fois dans les rades de la Colonie, & y jettent, par conséquent, une certaine abondance. Les deux autres Bâtimens du Sr. Badrou paraissent à leur tour; ils sont confisqués, comme portant des farines, objets de contrebande; lui-même par la suite de cette affaire se trouve sous le coup d'une procédure criminelle. Il faut espérer que ses intentions pures, & même louables, puisqu'il s'agissait d'un aprovisionnement nécessaire à l'existence d'une Colonie, seront principalement considérées dans le dernier jugement qu'il est venu solliciter en France.

établis dans les Colonies se portaient avec empressement à les faire.

Il est facile de répondre. Sept ou huit bâtimens, au plus, expédiés dans des tems de crise pour aller chercher des farines, & qui au retour en trouvaient, par la raison de la disette qui les avait fait partir, un prix très-considérable, ne peuvent servir d'objet de comparaison; ni de motif d'espoir pour des expéditions nombreuses & régulières, telles qu'il les faudrait pour effectuer un aprovisionement général. D'ailleurs, leurs cargaisons de retour étaient composées presqu'entiérement de farine, ce qui forme l'objet du plus gros gain, & de celui seul qui pouvait tenter l'Armateur. Il faut cependant des morues, des bois, des bestiaux vivans, & le bénéfice de ces objets est si mince qu'il disparaîtrait totalement devant des Armemens dispendieux, & des achats de la seconde main. Car, il faudrait bien que les Anglo-Américains, en les livrant chez eux-mêmes, fissent déja un petit bénéfice quelconque, d'où il s'ensuit que la cargaison de retour d'un Bâtiment français aurait suporté, sur les lieux même, un prix d'achat bien plus fort qu'une pareille aportée aux Colonies par le Nouvel-Angleterrien.

Je ne parlerai point des primes que l'Auteur du systême a senti qu'il fallait que le Gouvernement donnât par tonneau à la Marine Coloniale, pour que l'équipement de ses Bâtimens lui fût moins onéreux. Là où il y a vice, jamais la prime n'a réparé, à moins que de l'accorder très-forte, & je n'ai jamais pu comprendre que l'État dût, à prix d'argent, encourager ses sujets à faire des opérations mauvaises en elles-mêmes.

J'ajouterai que si cette Marine Coloniale pouvait avoir lieu, les Négocians des Ports-de-Mer ne manqueraient pas de s'élever contr'elle, prétendant qu'elle donnerait ouverture aux mêmes exportations frauduleuses des sucres & cafés des Colonies : & je ne vois pas, en effet qu'il fût plus aisé d'empêcher le Bâtiment Français partant des Colonies pour les Ports des États-Unis, d'y porter un chargement masqué des denrées les plus précieuses, que le Navire Étranger qui doit avoir moins de ressource & d'amis dans nos Colonies; il faudrait également surveiller l'un & l'autre; si on ne le peut efficacement pour celui-ci, on ne le pourra pour celui-là : la seule différence entr'eux c'est que le navire des Colonies fera la contrebande en allant, & que celui des États-Unis l'aurait faite en retournant.

Si, d'après toutes ces observations qui suffisent, sans doute, pour détruire toute espérance de voir s'exécuter le systême proposé, il restait néanmoins quelque desir de l'essayer; une seule & dernière considération, mais grande, mais puissante, doit l'anéantir à jamais. C'est la foi que l'on doit aux Traités, Que les Négocians des Ports-de-Mer lisent l'Article XXX de celui d'Amitié & de Commerce conclu entre le Roi & les États-Unis de l'Amérique Septentrionale il y est stipulé, que, *Sa Majesté conservera aux Sujets desdits États les Ports de France, qui ont été, & sont ouverts dans les Isles Françaises de l'Amérique.*

Si vous les leurs fermez, de quel œil verront-ils cette dérogation? Et conformément à une autre disposition aussi incluse dans le Traité, qui articule que les traitemens pour le le Commerce seront réciproques chez les deux Puissances contractantes, & que ce qui sera établi chez l'une à l'égard de l'autre, sera aussi-tôt, de droit, établi chez cette dernière; ne commenceront-ils pas par fermer aussi leurs Ports à tous Bâtimens expédiés des Ports de nos Colonies, lorsque ceux-ci leur seront interdits? Ainsi ne proscrivez point si vous ne voulez pas être proscrits. Mais, dira-t-on peut-être; les Habitans des États-Unis ont besoin de Commerce; que feraient-ils de leur surabondance de comestibles & de bois, si nous ne la consommions pas dans nos Colonies? Ils seront bien forcés d'en permettre l'importation; ce sont là leurs richesses, leurs produits.

QUE la révolution des États-Unis serve de réponse à ce raisonnement. Les Anglais, de l'exemple desquels nos Négocians aiment tant à s'autoriser pour justifier leurs principes prohibitifs, les Anglais, dis-je, ont éprouvé que les Habitans des États-Unis savent sacrifier leurs richesses aux idées qu'ils ont fortement conçues, & à la satisfaction de se venger des procédés qu'ils croyent injustes.

D'ailleurs, les Isles Anglaises, & ne l'ai-je, pas déjà dit, seront prêtes à leur ouvrir leurs Ports à l'instant où nous leur fermerons ceux de nos Colonies. Car, le Ministère Britannique compte sur cette méprise du Nôtre, & l'attend pour arrêter définitivement un Traité de Commerce avec ses anciens Sujets qu'il espère par-là faire rentrer tôt ou tard sous le joug. Oui, telle serait un jour la suite & le fruit de ces Loix prohibitives dont les Négocians des Ports-de-Mer réclament, en aveugles, le rétablissement & l'exercice rigoureux ..... je m'arrête, & me refuse à tout ce que je pourrais publier à l'apui de cette opinion. Il me suffit de l'avoir consignée ici comme une prédiction qui serait infailliblement accomplie dans une période très-prochaine, si le Génie qui a présidé depuis quelques années à tant d'heureuses combinaisons politiques de l'Empire Français, ne veillait sans cesse à tout ce qui peut nuire à sa grandeur, & cet objet ne saurait échaper à ses lumières.

LETTRE XI, *& dernière.*

MONSIEUR,

Vous adresser une Lettre sur la nécessité d'augmenter le nombre des Esclaves dans nos Colonies, ce sera sans doute s'exposer à la voir repousser par vous avec indignation, & j'avoue qu'il me serait bien plus agréable de vous en adresser une sur les moyens de faire cesser l'esclavage sans anéantir en même tems les Colonies & leurs productions, (*) & sans fraper d'un coup mortel l'Empire de qui dépendent ces importantes possessions.

J'ai plus d'une fois déploré ce mode d'Agriculture établi dans les Isles à sucre, qui

(*) On a trop cité l'exemple de quelques Cantons des États-Unis où l'on a donné la liberté aux Nègres : l'Agriculture de ces Cantons ne dépendait pas de leurs travaux ; ils y étaient en petit nombre, & généralement comme Domestiques ; la population des Blancs y étant bien supérieure n'a eu rien à redouter de cet affranchissement qui n'était point imprudent, nos Colonies ayant une existence absolument différente, il faut bien un autre régime.

n'y donne à la terre que des cultivateurs forcés, & n'en fait travailler le sein que par les bras enchaînés d'une race transplantée, misérable, esclave.

Cependant, ce ne sera point sur cette pratique chagrinante, j'ai presque dit coupable, que vont se porter mes réflexions. La liberté de l'espèce Africaine sollicitée chez tout homme juste par sa seule conscience, ne sera point l'objet de mes réclamations, soit parce que j'en regarde la restitution d'autant plus impraticable que c'est l'esclavage même qui constitue l'existence des Colonies, soit parce qu'en la proposant il faudrait, en même tems, présenter un nouveau systême d'exploitation, apuyé sur des combinaisons assez sages pour prévenir les inconvéniens que cette révolution entraînerait, & cette entreprise me paraît au-dessus de mes forces, je dirai, de plus, que par la nature des choses, elle est moralement impossible. Vous-même, Monsieur, vous en êtes plus persuadé qu'on ne penserait, si on ne s'arrêtait qu'aux vives déclamations échapées à votre humanité dans plusieurs endroits de l'*Histoire Philosophique des deux Indes.* Je n'en veux pour preuve qu'une phrase que j'ai remarquée à la page 8 du premier volume de cet Ouvrage précieux. Vous y dites formellement que la Loi qui déclarait libres tous les Esclaves qui se feraient Chrétiens, fut une des causes de la décadence de l'Empire Romain; *que, dictée par l'imprudence & le fanatisme quoiqu'elle parût l'être par l'humanité, elle peut servir à nous faire voir qu'une grande innovation est souvent un grand danger, & que les droits primitifs de l'espèce humaine, ne peuvent pas toujours être les fondemens de l'Administration.*

En voilà assez pour espérer que vous ne frapperez point d'anathême le désir d'accroître dans nos Colonies le nombre des cultivateurs, puisque la fortune publique en dépend.

La question de savoir s'il faut que les Étrangers soient admis à introduire des Noirs dans nos Colonies, fut agitée mille fois : quelque générale qu'ait été, à ce sujet, la réclamation des Colons, elle s'est toujours vu repoussée si vivement par les principes exclusifs des Négocians des Ports-de-Mer, qu'elle n'a jamais pu être accueillie par le Gouvernement (*) : cependant cet objet est de si grande importance, que je ne puis me résoudre à terminer mon travail sans m'en occuper. On peut affirmer que l'état actuel des cultures de nos Colonies est loin d'être parvenu à son plus haut dégré possible : malgré la masse déjà très-considérable de ses productions ; la partie Française de Saint-Domingue trouverait, peut-être, encore à employer trois cent mille Nègres de plus, pour arriver à toute l'étendue d'exploitation dont elle est susceptible. Il n'y a pas quatre Sucreries de la plaine du Cap qui aient le nombre d'Esclaves qui leur serait nécessaire. J'ai vu la même chose dans la dépendance du Port-au-Prince. Celle des Cayes Saint-Louis, de la bande du Sud, en général, en est dépourvue au point de ne pas faire la quatrième partie du revenu possible. Il est des Quartiers considérables dont les cultures ne font que de naître, où sont même encore à créer.

(*) Excepté pour les Isles du Vent où un Arrêt du 28 Juin 1783, en a permis l'introduction libre, pour un tems limité.

Cette première vérité de fait étant incontestable, je passe à une seconde. Les Armateurs de France, dans leur plus grande activité, n'ont importé annuellement dans nos Colonies que 14 mille Noirs. Je demande quel sera le terme où elles seront remplies du nombre dont elles ont besoin. Si encore le nombre fourni était en augmentation de ce qui existe, mais il ne suffit seulement pas, à beaucoup près, pour remplacer les mortalités qui, à dix pour cent sur une population de cinq cens mille, à quoi se monte au plus bas, la quantité des Noirs répandus dans nos Isles, doivent être estimées à 50 mille, dont je veux que les naissances, à cause des travaux forcés, des disettes de vivres, & du libertinage qui tarissent les sources de la fécondité remplacent, tout au plus, la moitié. Alors cette perte annuelle se réduira à 25 mille têtes, & le *déficit* sera cependant de 18 mille malgré les 14 mille aportées par le Commerce de France, ce qu'il faut expliquer.

Le séjour des Navires Français à la Côte de Guinée est presque toujours d'un an & quelquefois de dix-huit mois : des Nègres renfermés, pressés, étouffés dans la cale d'un Navire pendant un terme aussi long, sans mouvement, sans travail, & ne respirant que l'air de la Mer, contractent nécessairement un vice scorbutique qui se développe souvent dans la traversée & ruine l'Armateur. Si toutefois il échape à ce malheur, il est réservé alors pour le Colon, car le scorbut se manifeste en arrivant dans les Colonies où ces malheureux périssent misérablement enflés, couverts d'ulcères, & le sang dans la plus entière dissolution, sans avoir rendu aucuns services. J'ai vu tout cela; c'est ce qui m'autorise à réduire à sept mille Nègres effectifs les remplacemens aportés annuellement par le Commerce de France. Combien cette ressource & le besoin ne sont-ils pas disproportionnés? Si l'on ne s'aperçoit pas plus particuliérement qu'on ne le fait dans nos Colonies de la lacune réelle, du vide immense que cette disproportion devrait y occasionner, remercions-en le Commerce interlope dont les versemens secrets y ont constamment porté une sorte de remède, mais toujours insuffisante pour former des augmentations.

TANDIS que les Colonies ne profitent réellement, par le Commerce de France, que d'une importation aussi faible; observons que l'Afrique perd néanmoins tous les ans une population de plus de 60 mille Nègres que lui enleve la Traite des autres Nations Européennes à-peu-près dans cette mesure.

LES Français 12 mille, les Anglais 40 mille, les Hollandais, à présent, à peine 6 mille. L'Espagnol & le Danois quoiqu'avec des Comptoirs & une domination en Afrique, ne paraissent presque pas dans ses marchés. Le Portugais depuis long-tems n'a pas fait monter sa Traite à plus de 4 mille.

CES diverses extractions annuelles ont opéré peu-à-peu un dépeuplement des rivages de l'Afrique; ses Côtes sont désertes, & la Traite ne pouvant plus se faire qu'à cent lieues, & plus, dans l'intérieur des terres, il s'ensuit que le terme de ce Commerce est très-prochain.

SI cette vérité & toutes celles que j'ai tracées ci-dessus, sont de nature à faire faire des réflexions profondes; on doit sentir aisément que la Nation la seule sage, la seule riche, sera celle qui munira ses Colonies d'Esclaves, avant l'extinction totale de la population d'Afrique.

Ce n'est donc pas seulement une chose convenable d'admettre dans tous les Ports des Isles à sucre les Navires étrangers chargés de Noirs; il est visible que c'est une nécessité indispensable.

Quel motif les Négocians des Ports-de-Mer ont-ils pour s'y opposer? On le devine aisément. Leur intérêt personnel, leur seul intérêt personnel. Ils sentent bien qu'ils ne peuvent atteindre nullement à une fourniture de Nègres à-peu-près telle qu'il la faudrait, pour le bien des Colonies; mais que leur importe? Ils en vendent plus cher ceux qu'ils peuvent fournir. Ils ne voient & n'ont jamais vu que cela pour cet objet comme pour tous les autres. Et, en effet, depuis la paix ils n'ont voulu livrer les Nègres à Saint-Domingue, que sur le pied de 2400 livres chaque; tandis que l'Anglais donne les siens à choisir à 1250, & 1300 liv. ils ont même osé n'être pas contents de ce prix; dernièrement plusieurs de leurs Navires revenant de la Traite, ont refusé de faire leur vente sur ce pied, & ont été dans les Colonies Espagnoles où ils en ont obtenu, disent-ils, mille écus, parce que le Gouvernement y semble enfin reconnaître que les cultures du sucre & des autres denrées des Isles, sont des mines plus précieuses, plus fécondes que celles de ses possessions de l'Amérique Méridionale.

Mais, s'il est loisible à des Négocians Français de porter chez des Étrangers les premiers les plus essentiels des instrumens aratoires, les Nègres en un mot, malgré qu'il soit reconnu *qu'un Nègre porté dans une Colonie rivale fasse l'effet de la perte de deux pour les nôtres*; n'est-il pas sans comparaison, plus juste de permettre à des Colons d'en chercher par-tout où il s'en présentera, & de s'en procurer n'importe de quelles mains, ni comment; car le résultat de l'opération des Navires Français, si elle se répétait, serait la ruine des Colonies Nationales; & la formation ou l'accroissement des Étrangeres, & le résultat au contraire, de la permiſſion accordée aux Colons ſerait néceſſairement une plus grande maſſe de productions, par conſéquent l'avantage certain de l'État.

QUE de choſes n'aurais-je point à dire ſur cet objet, qui mériterait lui ſeul une diſcuſſion plus étendue que tous les autres : les bornes que je me ſuis preſcrites dans cet Ouvrage ne me permettent pas de l'entreprendre; mais j'obſerverai, du moins, que cette faible Traite de douze à quatorze mille Noirs, que font les Négocians Français, ne leur eſt même pas aſſez avantageuſe pour qu'ils en ſoient ſi exceſſivement jaloux. Ils ſont obligés par un concours de circonſtances qui ne peuvent changer, d'acheter à la Côte preſque tous les Nègres de la ſeconde main; il en arrive qu'ils payent juſqu'à 800 liv. un Nègre qui ne ſerait pas revenu au Négociant Anglais à plus de 350 liv. parce qu'il l'aurait eu de la première. Voilà, d'abord, une des cauſes de la différence du prix dans la revente que le Commerce des deux Nations en fait à leurs Colonies reſpectives.

En outre, les Négocians des Ports-de-Mer ne font, la plupart, ce trafic qu'avec les fonds des Capitalistes de Paris, & n'étant, ainsi, que Commissionnaires de l'Armement, ils accordent à leurs Capitaines, qui sont presque tous leurs parens, des traitemens qui vont à soixante & quatre-vingt mille livres; ce qui enlève presque tous les bénéfices, ou renchérit infiniment les objets de vente. Il est encore bien d'autres vices dans ce genre de Commerce, qu'il serait trop long d'énumérer ici. Quoiqu'il en soit, je crois que la France pourrait le laisser faire aux étrangers sans chagrin, ni perte; il est destructeur de ses Matelots : on sait que c'est celui où il en périt d'avantage : il est coûteux, à son Fisc qui paye de fortes primes d'encouragement par tête de Noirs aportée dans nos Isles : enfin il est odieux & barbare dans sa pratique.

Oui, Négocians, si vous-mêmes aviez été témoins des scènes d'horreur qu'il occasionne, je n'ai point assez mauvaise opinion de la plupart d'entre-vous pour croire qu'ils eussent le courage d'en continuer les spéculations,

& qu'ils ne s'estimassent pas heureux d'en laisser la honte & l'inhumanité aux autres Peuples.

Eh! quel titre, en effet, à envier que celui de Colporteur de chair humaine! c'est cependant le nom qu'il faut donner à tous ceux qui concourrent à ces tristes expéditions. Plusieurs même y pourraient joindre celui de Bourreaux. Oui, Bourreaux, c'est le mot; & pourquoi ne pas leur attribuer ce nom puisqu'ils ne craignent pas de le mériter? Depuis l'instant où ils mettent le pied à la Côte de Guinée pour en enlever leur proie, jusqu'à celui où ils la débarquent dans nos Isles, c'est un enchaînement d'actes atroces auxquels leur intérêt, leur sûreté même les force, il est vrai, mais sans pouvoir les excuser. Une partie de la cargaison est composée d'Esclaves volés par leurs ordres, ou par leurs Agens, & c'est là le moindre de leurs crimes. Mais au moment où la charge du Navire est complette, c'est alors qu'il faut les voir, impitoyables calculateurs, arracher des bras de la mère, déjà leur captive, l'enfant qu'elle allaitait encore, & celui qui trop jeune & trop faible, n'offrirait aucun espoir de bénéfice à la vente; c'est là qu'il faut les voir consolant à force de coups les membres d'une famille mutilée, imposant à la peine morale par la douleur physique, étouffant la plainte par l'effroi, séchant les pleurs par la rage, & domptant la nature par la faim.

Suivons-les dans le cours de la traversée jusqu'au Port de leur destination. Leurs jours sont employés aux soins, non d'adoucir, mais d'enchaîner le désespoir; leurs nuits sont livrées aux sombres inquiétudes d'un tyran bourrelé. Les monstres de la mer, les voraces Requins, antropophages moins cruels puisqu'ils ne s'exercent que sur des cadavres, leur formant un digne cortège, entourent l'affreuse prison d'où on leur jette les victimes à mesure qu'elles expirent, & suivent constamment la route de ce cloaque infect, où sont à la fois réunis, par le plus horrible assemblage, toutes les maladies de l'espèce humaine, tous les tourmens des enfers, & tous les crimes qui les méritent.

Ils arrivent enfin : alors les astuces de toutes sortes remplacent cet affreux tissu de barbaries. Il faut vendre, & faire toute abgnégation de bonne-foi pour tromper l'acheteur sur l'âge, sur la constitution, sur la santé de l'Esclave qu'on lui offre. C'est à bord de leurs Navires (où ils ont eu grand soin de ménager le jour de manière qu'on ne puisse voir les vices de la peau, la lèpre, ou les autres défauts) que se fait la visite de la marchandise, la présentation de l'Esclave, & ce n'est qu'après un bon déjeûné, pendant lequel on a eu grand soin de servir avec profusion à l'acheteur, altéré par le trajet de la rade, du vin blanc très-capiteux & très-propre à faciliter les marchés. Rien de si poli, de si aimable que les Officiers d'un Vaisseau Négrier dans ce moment-là. Ce ne sont plus ces lions féroces à face & griffes sanglantes; ce sont des renards cauteleux, occupés de ruses & de stratagêmes, dont voici les plus communs.

De très-grand matin, avant que l'on introduise personne à bord, les barbiers de l'équipage ont eu soin de raser jusques dans la la peau, la chevelure lanugineuſe, & la barbe à tous les mâles de la cargaiſon. On peint enſuite tous les individus avec une huile qui noircit la peau, & la rend luiſante & liſſe. S'il s'en rencontre quelques-uns qui aient des pians, dartres, ou telle autre maladie cutanée, le Chirurgien de l'équipage, qui n'a communément d'autres connaiſſances que celle des plus puiſſans répercuſſifs, fait tout rentrer dans la maſſe du ſang; & s'il reſte quelques veſtiges rebelles, on enduit l'endroit indiſcret d'un certain onguent noir qui tromperait l'œil le plus clair-voyant de l'acheteur le plus ſoupçonneux, & l'on ſourit perfidement en lui livrant le Nègre ainſi ſophiſtiqué.

Qu'arrive-t-il enfin de toutes ces infâmes piperies? C'eſt que l'Eſclave périt ſouvent dans les ſix premiers mois, non de l'excès du travail que le Maître rend toujours modéré dans ces commencemens, mais par l'effet de la répercuſſion de l'humeur maligne. Il eſt encore une autre cauſe fréquente de cette mortalité qui ſe jette parmi les Nègres nouveaux. Il ſe trouve des Capitaines dont l'avarice eſt telle que, pour ſe procurer plus d'espace pour loger une cargaison plus nombreuse, ils ne mettent à bord que la quantité de provisions nécessaire pour une courte traversée : si les vents la contrarient & l'allongent, la disette d'eau se fait sur-tout sentir ; alors on fait boire de l'eau de mer à ces infortunés. On sait bien que c'est le germe de la mort qui pénétre dans leur sein, que jamais il n'en est réchapé : qu'importe ? Le poison est lent, la vente est prompte. Le premier payement est compté, le reste est assuré par de bons billets bien libellés. Le Colon abusé emmène avec lui vingt ou trente de ces malheureux, & deux mois après il ne lui en restera pas un seul ; il aura eu le chagrin de voir périr sous ses yeux vingt-cinq créatures humaines ; il aura perdu le comptant qu'il a donné ; il aura vu se perdre la denrée que devaient recolter ces Esclaves ; l'échéance des autres payemens arrivera, & les frais de justice viendront consommer sa ruine.

Quelles réflexions une âme sensible ne fera-t-elle point sur ce tableau que je n'ai pu tracer avec d'assez fortes couleurs, & dont j'ai même craint de rendre tous les traits !

Mais quel remède, me dira-t-on peut-être? Puisque les Nègres sont absolument nécessaires aux cultures des Colonies il faut bien en souffrir la Traite. Oui; mais ne vous chargez pas à plaisir de son abomination: les Étrangers cherchent à vous l'épargner, & l'intérêt vient encore ici se joindre au cri de l'humanité pour accepter ce moyen de vous sauver des crimes. Mais si l'on admet les Nègres de l'Étranger, il faudra bien les lui payer; trente mille Noirs que pourrait fournir dans nos Colonies la Traite étrangère, au prix de 1500 liv. par tête argent des Isles, forment une somme de quarante-cinq millions, & la solde ne s'en pourrait faire que par les denrées précieuses.

Eh bien! serait-ce un mal en dernier résultat? Un Nègre est payé par son travail dans cinq ans; ce serait donc un capital de quarante-cinq millions aliéné au denier cinq. Toutes les productions que cette masse de Cultivateurs ferait naître après les cinq années seraient un bénéfice net pour les Colonies, & sûrement pour tout l'État!

Faisons une autre réponse; les Capitaines Nègriers étrangers ne font pas comme les Français; ils ne cherchent point à raporter des denrées en retour dans leur Métropole. J'en ai vu beaucoup qui vendaient leurs cargaisons dans huit jours, & repartaient sur leur lest, avec des Lettres d'échange fournies par un Négociant demeurant dans les Isles, auquel leurs Armateurs d'Europe les avaient adressés; observons que cet usage leur sert encore à diminuer les frais de l'expédition, & réunit plusieurs autres avantages. En les admettant dans nos Colonies ils suivront sans doute la même méthode; en tout cas, on peut les y obliger, & le Commerce de France n'a plus dès-lors aucunes craintes à garder sur l'enlevement des riches productions Coloniales.

Il y aurait encore un moyen bien simple de pourvoir au besoin de Nègres qui fait languir toutes nos Colonies, & de s'assurer cependant le retour entier de leurs denrées dans nos Ports. Il faudrait seulement que tous les Navires Négriers, les seuls à qui l'on pourrait le permettre, qui voudraient se charger de denrées pour leur payement, fussent expédiés *par des acquits à caution*, d'une valeur égale ou même supérieure à celle de leur chargement, pour garant de la soumission qu'ils feraient aux Bureaux du Domaine de nos Isles d'effectuer leurs retours en entier sans échelles, ni subtilités, dans un des quatre grands Ports de France; & ces acquits seraient fournis par des Maisons de Commerce établies dans les Isles où ils auraient fait leur vente & leur chargement.

Cette idée est susceptible d'un très-grand développement. Il me suffit, quant à présent, de l'avoir proposée. En voilà assez sur un objet dont l'examen a dû terminer un travail qu'il est tems de finir.

J'ai parcouru successivement tous les points qui forment la matière des discussions élevées entre les Colons & les Négocians des Ports-de-Mer, la comparaison précise de leurs prétentions réciproques achevera de décider le dégré de faveur qu'on leur doit.

Que demandent les Colons? Des moyens

suffisans & certains de subsistance pour leurs Nègres; des Nègres pour augmenter leurs productions, ou du moins pour distribuer d'une manière moins forcée la somme de leurs travaux.

Que demandent les Négocians des Ports-de-Mer? L'assurance que seuls ils fourniront les subsistances aux Colons & en exporteront les productions, avec la clause formelle que s'ils ne peuvent suffire à fournir, on se passera paisiblement de ce qui manquera, & que si une qualité de productions quelconque ne convient pas, on la jettera avec résignation, comme ordures, plutôt que d'en tirer parti par la voie de ceux à qui elle conviendrait.

En deux mots : que veulent les Colons? Conserver & créer. Que veulent les Négocians? Réduire & détruire. Qu'est-il nécessaire, après cela, d'articuler la conclusion de cet Ouvrage? Qui ne s'est déjà écrié vingt fois avant d'en avoir achevé la lecture, liberté de Commerce dans les Colonies quant à l'importation de vivres & de Nègres; exportation totale par le Commerce de France de toutes leurs productions, excepté les sirops & tassias qui lui sont inutiles, ou ne pourraient lui être avantageux.

On voit qu'en conservant au Commerce de France l'extraction entière des productions de nos Colonies, & demandant seulement les moyens d'augmenter ces productions, c'est ne diminuer en aucune manière notre Navigation, c'est même tendre à l'augmenter. Nos Colonies produisent actuellement une valeur à exporter de 150 millions, elles en produiront une de 200 avant dix ans, si la liberté de l'importation est accordée : donc il faudra plus de Navires : je sens bien que c'est en réduire une partie au bénéfice du fret ; mais qu'importe à l'État? D'ailleurs, cette nécessité d'une Navigation immense pour nos Isles à sucre n'est pas prouvée sans contradiction à ceux qui pensent que jamais la Marine guerrière de la France ne fut si brillante que sous le règne de Louis XIV, précisément à une époque où le Commerce des Villes Maritimes de France n'envoyait pas annuellement cent petits Navires dans toute l'étendue de l'Amérique.

Finissons par un principe simple mais d'une vérité inaltérable. Qu'est-ce que doit chercher l'État? Abondance & bas-prix de tout ce que ses Membres consomment ; abondance & haut-prix de tout ce qu'ils vendent à l'Étranger. Il aura tout fait en obtenant ces deux points. Tel doit être sans cesse le but de toutes ses opérations ; il est certain que celles qui le masquent ou le contournent finissent par le manquer.

FIN.

N. B. J'ai cru devoir joindre ici un morceau qui n'est pas étranger aux matières que j'ai traitées.

CONVERSATION

D'un Officier d'Artillerie.

UN Officier d'Artillerie d'un grade supérieur, qui avait passé une partie de sa vie dans les fonderies, & qui connoissait parfaitement cet Art, se promenait un jour sur le Quai de Bordeaux. Quelques bariques pleines de houes, de haches, de serpes, venaient de se défoncer en les déchargeant. Il prend envie à cet Officier de visiter ces outils, il les trouve de la plus mauvaise qualité. A côté de ces bariques étaient des cilindres pour les Moulins à sucre, & des chaudières de fer, qui allaient être embarqués sur un Navire que l'on chargeait à Quai. Il examine ces cilindres & ces chaudières, & les trouve d'un fer aigre, plein de pailles. Comme il ignorait pour quel Pays & à quel usage ces objets étaient destinés, la curiosité lui prend de s'en informer d'un Commis de Négociant qui donnait des ordres pour l'embarquement de ces objets. Ces outils que vous voyez, Monsieur, sont destinés pour Saint-Domingue, lui répond le Commis, ces cilindres servent aux Moulins qui expriment le suc des cannes, & c'est avec ces chaudières qu'on fabrique les sucres. --- Mais, Monsieur, ces outils sont d'une bien mauvaise qualité, le fer de ces cilindres & de ces chaudières est d'une fonte mal épurée ; pour peu que la terre soit dure dans ce Pays-là, ces houes seront émoussées en moins d'une minute ; si la pression des Moulins à sucre est un peu considérable, ces cilindres doivent se fendre très-aisément ; ces chaudières ne peuvent essuyer un coup de feu très-vif, & les gens qui se servent de ces objets doivent en faire une ruineuse consommation. --- Vous avez raison, Monsieur, aussi les faisons-nous faire dans cette intention, car plus les Colonies consomment de ces effets, & plus nous leur en envoyons; plus nos bénéfices sont considérables, plus nous entretenons d'Ouvriers, plus nous nourrissons de Cultivateurs, plus nous chargeons de Navires, plus nous formons de Matelots.

Je ne finirais pas si j'entrais dans le détail de tous les avantages que la France retire de notre manière de traiter avec nos Colonies. --- Je vous entens, Monsieur, répond l'homme de guerre; mais que vous donne-t-on en échange de ces effets? Probablement du sucre, du café, du coton, de l'indigo; ces productions ne viennent certainement que de la terre; mais si pour ouvrir cette terre, le Nègre ne peut faire en trois coups ce qu'il ferait en un ou deux avec un meilleur instrument, si l'acheteur de ces cilindres, de ces chaudières est obligé de les changer continuellement, d'en acheter perpétuellement de nouveaux, la main-d'œuvre de ce Pays-là doit perdre nécessairement près de moitié de son activité, la terre doit rendre moitié moins des productions qu'elle devrait donner; vous avez à votre tour, ce me semble, moins de denrées, moins de fret, moins de navigation, moins d'échanges à faire avec l'Étranger, en un mot le Royaume a moins de commerce? --- Ce que vous me dites, Monsieur, a bien quelqu'apparence de raison, mais il faut que vous sachiez une chose, c'est que la France n'est susceptible que d'une certaine somme de navigation & de commerce; mille choses concourent à cet inconvénient; nous n'avons donc pas besoin, nous autres Négocians, que les cultures de l'Amérique augmentent leurs productions, pourvu que cinq cent Navires, ou à-peu-près, que nous pouvons armer, soient chargés, soit en allant, soit en venant, cela nous suffit. Que nous importe que les Colonies fassent le double de leur revenu? On serait obligé de se servir de l'Étranger, si leurs productions étaient plus considérables, & c'est ce que nous ne pouvons souffrir. ---- Mais je ne conçois pas, Monsieur, qu'un Royaume comme celui de France puisse être borné dans son Commerce & dans sa Navigation. --- Je vais, Monsieur, vous expliquer cela. Un Négociant, après quinze, vingt, trente ans de travail, laisse une fortune de deux ou trois millions à son fils, & à sa fille. Le fils ne prend point la profession de son pere, on le revêtit d'une charge dans une Cour Souveraine. La fille épouse un homme de qualité, ou un Magistrat de Haute-Robe, & les trois millions sortent du Commerce au moment précisément où ils lui seraient de la plus grande utilité pour son extension. Si la Gouvernement exigeait les mêmes dégrés de Noblesse pour la Magistrature que pour le service de Guerre, les fonds sortiraient moins du Commerce, le fils serait élevé dans la profession de son pere, & nous verrions en France, comme en Angleterre, une longue suite de Négocians de pere en fils, qui se transmettraient les uns aux autres les connaissances, l'expérience & les fonds nécessaires pour cette profession. Vous verrez dans cette Ville, précisément le contraire. Tous nos Commerçans sont en général des gens intelligens & adroits en ce qui concerne leur intérêt, mais l'exiguité des moyens avec lesquels ils ont commencé, ne leur permet pas de donner une plus grande extension à leurs spéculations. Leurs fonds sont trop peu considérables; Paris qui attire tout, se livrant entiérement aux calculs & au jeu des effets royaux ne renvoie rien dans les Provinces, cela donne à l'argent une trop haute valeur, & empêche que les fonds de la Nation ne refluent dans le Commerce.

Au moindre événement, à la moindre perte, les affaires de nos Commerçans s'embarassent, le crédit manque, & une Maison de Commerce est culbutée. Toutes ces causes & mille autres qu'il serait trop long de vous déduire, font, que véritablement la Navigation & le Commerce de la Nation sont extrêmement circonscrits, & que nous avons un intérêt contraire à l'extension de la culture des Colonies, parce que son augmentation amenerait la nécessité de se servir de l'Étranger. Hors, cet Étranger que l'on introduirait, pourrait fort bien, en dépit de toutes prohibitions, y apporter des houes, des outils en tous genres, des jeux de moulins, des chaudières, infiniment meilleurs que ceux que nous portons, & vous sentez que les Colons leur donneraient nécessairement la préférence sur les nôtres; c'est ce qu'il est essentiel pour nous d'empêcher. Vous sentez, Monsieur, que cette concurrence nous conduirait à payer mieux nos Ouvriers à donner plus de soin aux Manufactures & aux Fabriques, & que définitivement nous gagnerions moins sur les Manufacturiers, les Fabriquans & les Colons. --- Mais, Monsieur, les Propriétaires de l'Amérique ne font-ils pas Français? Ne consomment-ils pas en France les produits de leurs revenus? Les trois quarts des grandes propriétés de l'Amérique n'ont-ils pas passé par des mariages ou des acquisitions aux plus grands Seigneurs du Royaume, à des Gentilshommes des plus anciennes races, qui servent l'État, soit dans la Magistrature, soit dans les Armées? Pourquoi donc borner leurs cultures & leurs fortunes, parce que celle des Négocians, & conséquemment leurs moyens d'échange & de navigation sont bornés? Pourquoi borner leurs consommations dans le Royaume, conséquemment le Commerce de l'intérieur, conséquemment l'entretien des Ouvriers de luxe, des Artistes, des Bouchers, des Boulangers, des Cultivateurs du Royaume, & cela parce qu'on se servirait d'autres Agens, ou d'autres Navires que des Français. Mais, Monsieur, ou je me trompe fort, ou ces Propriétaires de l'Amérique sont bien indolens, bien endormis sur leurs intérêts, ou ils doivent vous regarder comme leurs plus grands ennemis. Mais il me semble que des Manufacturiers, que des Fabricans, que des Artistes, que tous les gens enfin qui pourraient vivre des moyens qu'apporte dans la circulation une masse de denrées de cent, ou de cent-vingt millions de plus dans un Royaume, il me semble, dis-je, Monsieur, que tous ces gens-là ne doivent point être de votre avis. Vous craignez que les Étrangers n'introduisent en contrebande dans les Colonies les instrumens aratoires dont vous prétendez être seuls en droit de les fournir! Pourquoi cette crainte qui peut être déplacée? Pourquoi mettre en fait & comme un moyen d'exclusion, ce qui doit nécessairement être conservé en question? D'ailleurs, vous avez un sûr moyen d'empêcher cette contrebande, & ce moyen est dans vos mains. Que les instrumens aratoires & de Manufactures de première nécessité pour les Isles soient les meilleurs qu'il y ait en Europe. Nous fabriquons, nous, Monsieur, pour l'Artillerie du Roi les meilleurs outils, les meilleurs haches, les meilleurs serpes qu'il y ait en Europe. Nos Ouvriers sont cependant Français. Les vôtres seraient-ils moins habiles? Qu'ils le deviennent d'avantage! Que vos forges, que vos chaudières, & vos cilindres de moulins se perfectionnent. Payez mieux & plus cher les Entrepreneurs des Manufactures. Ayez moins le desir de gagner sur eux, la main-d'œuvre étant infiniment moins chere en France qu'en Angleterre, parce que les vivres y sont à meilleur marché, vous pourriez donc obtenir la préférence, & en Europe, & dans vos Colonies, & même dans les leurs, sur toutes leurs fournitures.

Savez-vous ce que je ferais, si j'avais l'honneur d'influer dans les décisions du Gouvernement? J'exclurrais pour quatre générations vos fils de Négocians de toute office de Magistrature comme de tout Emploi militaire. Je les obligerais au moyen de cela de rester dans la Profession de leurs peres, & d'y conserver conséquemment leurs fortunes. Mais en attendant l'effet de ce réglement salutaire, & pour eux, & pour l'État, je me servirais de l'office des Étrangers pour suppléer à ce que nos Négocians ne peuvent faire pour l'accroissement de la culture des Colonies.

— C'est-à-dire, Monsieur, d'après votre systême, que

si toutes les Colonies avaient besoin pour réparer les mortalités de leurs Esclaves d'une quantité de vingt, vingt-cinq mille Négres tous les ans, si après une guerre de six ans elles avaient besoin d'une réparation de soixante, quatre-vingt mille Négres, parce que l'interruption du Commerce de Guinée n'aurait pas permis de les en fournir pendant six ans, si par la circonscription du Commerce des Négocians Français, ils ne pouvaient en procurer que dix mille par an, vous auriez tout bonnement recours aux Étrangers? --- Certainement, Monsieur. --- Mais, si vous permettez aux Étrangers l'entrée dans vos Colonies, & qu'ils y apportent soixante, quatre-vingt, cent mille Négres, les Colonies leur devront donc un retour en denrées de 70, 90, 120 millions, & alors le Commerce de France est perdu, la Navigation est perdue, les Manufactures, les Fabriques, la culture du Royaume sont perdues.

--- J'ai oui dire, Monsieur, que les Colonies donnaient cent-cinquante millions à la France. J'ai oui dire qu'un Négre travaillant, donnait cent pistolles sur une sucrerie, & 4 à 500 livres par les autres cultures. J'ai oui dire qu'il y avait telle sucrerie qui pourrait donner deux & trois cent mille livres, qui faute de 50, 60 Négres, qui fournis par l'Étranger, ne couteraient pas plus de quatre-vingt mille francs, ne produisait pas cinquante mille francs par an à son Propriétaire. Un de mes Amis me disait l'hiver dernier à Paris qu'il était dans ce cas, ainsi que trois ou quatre cent autres Propriétaires. Quel inconvénient donc, Monsieur, (je ne parle pas des Négocians qui ne voient & ne doivent voir que leur intérêt du moment, je parle du Commerce en général) quel inconvénient y aurait-il de faire un sacrifice de trente, quarante, cinquante millions de denrées pendant cinq, six ans, si ce sacrifice doit être une raison d'augmentation de culture, conséquemment de Commerce, de trente, quarante, cinquante, cent millions de denrées au bout de quelques années. Je vous avouerai d'ailleurs une chose, Monsieur, qui me fait frémir : c'est que dans cet état de besoin d'Esclaves, où je vois que les Colonies sont réduites, connaissant les hommes en général comme je les connais, je suis certain que les Négres y doivent être extrêmement malheureux ; les trois quarts des Propriéraires qui sont en France, sont des gens nécessités à de grandes dépenses pour soutenir l'état de leurs grades & de leurs naissances ; ils n'ont jamais été sur leurs biens ; ils veulent avoir toujours les mêmes revenus sans s'embarasser si ce qui leur reste de Négres peut, ou ne peut pas, suffire aux travaux de leurs cultures. Le Régisseur de ces biens, indépendamment de ses bénéfices, croit son honneur intéressé à en soutenir les revenus sur le pied des anciens produits. Le malheureux Esclave forcé de faire le travail de deux hommes, doit nécessairement succomber à la longue sous le poids de ses travaux, les Négresses ne doivent point faire d'enfans, le lait doit tarir dans leur sein, leurs nourrissons doivent être faibles, languissans, & ne doivent point vivre. Ces malheureux doivent tromper la nature, peut-être l'outrager dans ses réproductions, ils doivent fuir les habitations de leurs Maîtres ; si les Colonies ont des montagnes, des lieux de difficile accés, il doit s'y rassembler beaucoup d'Esclaves fugitifs, le désespoir souvent produit le crime & la révolte, je suis homme, & je sais ce qu'un homme désespéré est en état de faire. Je vois enfin, je vous en demande pardon, je vois dans le système de vos Négocians des maux & des calamités sans nombre. Je vois dans l'avenir l'anéantissement des Colonies. Je vois l'accomplissement des Prophéties de Mr. l'Abbé Raynal, je vois le massacre des Maîtres, de tous les Blancs. Je vois . . . . & je vous quitte pour finir une conversation qui m'attriste infiniment.

On observera qu'il ne fut question dans cette conversation, ni des vivres pour les Esclaves, ni de la farine. Cet Officier d'Artillerie était un homme de bien, un homme de sens, & plein de sensibilité; il n'eût pu se défendre de quelque mouvement d'indignation à la lecture d'Écrits légers & captieux qui osent attaquer un Arrêt du Conseil d'État du Roi, parce que cet Arrêt permet dans les Colonies l'introduction directe des premiers besoins de la vie, qui n'ont jamais pu & ne pourront jamais y être fournis sans les secours des Étrangers. Se fût-il jamais persuadé que les Cultivateurs du Royaume sont intéressés à empêcher qu'on n'approvisionne les Colonies par l'office de l'Étranger de ris que la France ne produit point; de morue dont le haut prix est la preuve que la Navigation Française n'en donne tout au plus que la moitié de la consommation du Royaume; de bois enfin de toute espèce dont la France manque entièrement?

Quel est le but de l'établissement des Colonies, cetil dit ? La culture de denrées que la France ne produit point, & qu'elle serait obligée de tirer de l'Étranger, si elle n'avait point de Colonies.

Que fait la France de ces denrées ? Elle en consomme un tiers & elle vend le reste à l'Étranger qui lui doit un retour ou de denrées, ou d'effets qui lui manquent, ou d'argent.

Quelle est cette masse de productions des Colonies ? 150 millions, sans y comprendre 25 à 30 millions de sirops amers, dont la France ne peut se charger, & dont elle force de donner un débouché à ses Colonies par l'office de l'Amérique septentrionale.

Les cultures des Colonies sont-elles à leur plus haut point de culture ? Non ; décidément non. Ceux qui l'avancent, ou se trompent, ou ont intérêt de dire le contraire de la vérité à cet égard.

A quoi pourraient se porter les productions des Isles, si elles étaient approvisionnée de la quantité de Nègres qui seraient nécessaires aux cultures & aux manufactures ? Au double de leurs revenus actuels, c'est-à-dire à 250 & 300 millions.

Quel est le prix d'un Nègre Anglais ? 1320 liv. à choisir. Quel est celui d'un Nègre Français ? 2000, 2250, même 2400 liv.

Les Colonies produisent-elles la quantité de vivres nécessaires à la nourriture des Esclaves ? Non. Les féchereſſes fréquentes d'un côté, les pluies exceſſives de l'autre, la détérioration des terreins propres aux vivres, les ouragans, les tremblemens de terre expoſent ces Pays à des famines imprévues, & qui les mettent dans la néceſſité preſque continuelle d'avoir recours au dehors pour les premiers beſoins de la vie.

Quels ſont les Pays les plus proches de ces Isles & d'où l'on puiſſe le plus promptement tirer ces premiers beſoins de la vie? La Nouvelle-Angleterre, qui, en général n'en eſt pas éloignée de plus de 400 lieues.

En combien de tems les Isles peuvent-elles recevoir les ſecours de la Nouvelle-Angleterre? En ſix ſemaines au plus tard.

Quel eſt le tems que mettrait la France à ſecourir ſes Colonies. Cinq & ſix mois au moins, & ſouvent d'avantage, ſi les vents, comme cela arrive fréquemment, retenaient ſes Navires deux & trois mois dans ſes rivières.

Que pourrait leur envoyer la France? De la farine: & encore ſe trouverait-il des circonſtances où elle ne le pourrait pas, car ſouvent elle en manque elle-même; & la preuve en eſt dans la quantité de bled qu'elle tire de l'Etranger, ce qu'elle ne ferait point ſi elle en récoltait au-delà de ſa conſommation.

A quel prix pourrait-elle donner ſes farines? Ce prix ſerait dans les Isles en raiſon du preſſant beſoin où elles ſeraient réduites. On peut donc l'évaluer, vu la *modération* du Négociant Français, à 15, 20, 25 sols la livre, le Propriétaire de 300 Nègres dépenserait donc par jour 4,500 liv. pour la nourriture de ses Esclaves.

Quel est le prix courant de celle de la Nouvelle-Angleterre ? 25 à 30 liv. le quintal.

Quel est le prix de la morue de la Nouvelle-Angleterre ? entre 4 & 5 sols. A quel prix le commerce de France pourrait-il donner la morue ? A 70, 80, 100 liv. & peut-être plus, le quintal.

A quel prix monterait le riz de la Caroline, aporté par l'Anglo-Américain dans nos Ports ? A 3 & 4 sols la livre. Et celui tiré du Levant, que nos Négocians prétendent qu'ils enverraient dans nos Colonies ? A 15 ou 20 sols, peut-être plus dans un cas de disette.

En trouverait-on toujours dans les Ports une suffisante quantité pour fournir les Colonies dans le cas d'une famine imprévue, pour nourrir enfin deux, trois cent mille Esclaves ? Pourrait-il y avoir dans les Ports un dépôt constant de riz toujours entretenu par des Entrepreneurs, qui, sur peine de la vie, de la confiscation de leurs biens & de la flétrissure de toute leur famille, s'obligeraient, comme cela est raisonnable, à cette fourniture extraordinaire, qui pourrait fort bien n'avoir lieu que tous les deux ou trois ans, & à l'improviste ? Non. Les Négocians diront peut-être que oui ; mais à coup sûr ils ne pariront pas, & s'ils parient, ils ne mettront rien au jeu.

Aprés toutes ces queſtions & ces réponſes, il eſt à préſumer que le procès des propriétés des Colonies contre les intérêts des Commerçans ſerait jugé dans l'eſprit de l'Officier d'Artillerie. Il dirait, des Nègres! des Nègres, non-ſeulement pour l'entretien raiſonnable des cultures actuelles, mais encore pour l'augmentation de ces cultures! Il dirait, des vivres en abondance! des vivres à bas-prix pour les Eſclaves! quelques ſacrifices même que l'on ſoit obligé de faire, il faut que des hommes qui travaillent vivent, cela eſt de toute juſtice & de toute humanité, cela eſt de toute raiſon, ou il faut renoncer à avoir des Colonies. Mais la Navigation; . . . . mais la Culture de la France; . . . . mais les Ouvriers de nos Ports; . . . . mais les impoſitions du Royaume; . . . . mais . . . .

Tout cela ſe trouvera, & au double, dirait-il, dans l'accroiſſement de la culture des Colonies, dans les dépenſes que les Propriétaires feront dans le Royaume, dans neuf cent, dans mille Navires que la France entretiendra par la Toute-Puiſſance de deux cent-cinquante, trois cent millions de denrées que l'on retirera des Colonies lorſqu'elles auront doublé le nombre de leurs Eſclaves, & que ces malheureuſes créatures humaines auront toujours une nourriture proportionnée à leurs beſoins. Ce qui ne ſera jamais que par l'admiſſion libre des Anglo-Américains, quant aux vivres, & de tous les Étrangers quant aux Nègres.

FIN.

Défauts constatés sur le document original

www.ingramcontent.com/pod-product-compliance
Ingram Content Group UK Ltd.
Pitfield, Milton Keynes, MK11 3LW, UK
UKHW020205250726
13967UKWH00003B/1281

9 782013 423809